面向21世纪高等院校会计类核心课程实验实训教材系列

企业税收实务综合实训

虞拱辰 陈委委 虞江帆 主编

图书在版编目(CIP)数据

企业税收实务综合实训/虞拱辰,陈委委,虞江帆主编. —上海:上海财经大学出版社,2018.4
(面向21世纪高等院校会计类核心课程实验实训教材系列)
ISBN 978-7-5642-2771-5/F·2771

Ⅰ.①企… Ⅱ.①虞…②陈…③虞… Ⅲ.①企业管理-税收管理-中国-高等学校-教材 Ⅳ.①F812.423

中国版本图书馆CIP数据核字(2017)第132601号

□ 责任编辑　袁　敏
□ 封面设计　杨雪婷

QIYE SHUISHOU SHIWU ZONGHE SHIXUN
企 业 税 收 实 务 综 合 实 训
虞拱辰　陈委委　虞江帆　主编

上海财经大学出版社出版发行
(上海市中山北一路369号　邮编200083)
网　　址：http://www.sufep.com
电子邮箱：webmaster @ sufep.com
全国新华书店经销
上海景条印刷有限公司印刷装订
2018年4月第1版　2018年4月第1次印刷

787mm×1092mm　1/16　6.25印张　160千字
印数：0 001—4 000　定价：31.00元

面向 21 世纪高等院校会计类核心课程实验实训教材系列

编 委 会

主　任：陆竞红

副主任：陈云娟　毛卫东

委　员：陈云娟　陈赛珍　陈委委　毛卫东
　　　　　陆竞红　汪　静　王　攀　王家华
　　　　　王艳超　熊晓花　杨　洁　虞拱辰
　　　　　叶小平

前 言

税收体现着国家与纳税人之间的利益分配关系。如何正确地计算和缴纳有关税款，既是保障国家合法的财政收入、履行国家职能的需要，也是维护正常的纳税秩序、保障纳税人合法权益的需要。在企业实际工作中，纳税义务人提前申报抵扣税款、未及时申报纳税和未足额结缴税款，或者由于错误认识等造成偷税行为，均会给纳税义务人造成较大损失，严重的还可能受到刑事制裁。因此，增强纳税义务人的纳税意识，提高纳税义务人的纳税申报水平，保障税款及时缴入国库，应当成为全体纳税义务人的共识。调查研究发现，现在纳税实务教材仍以传统的以知识传授为主要特征，解决"是什么"、"怎么算"、"做什么"的问题，但该课程在编排体例上还不能解决如下问题：一是遵循一种即定的企业生命周期模式；二是"做什么"与"怎么做"的衔接。为了解决上述问题，我们编写了《企业税收实务综合实训》。本教材在编排体例上，突出为企业处于不同生命周期阶段的涉税实务，从会计岗位对税收知识与能力要求的实际需要出发，通过一系列能力训练，使学生对各种涉税业务处理程序有一定的认识，着重训练学生将所学税收理论知识转化为实际工作能力，使学生掌握会计工作所必需的税收基本理论、基本知识和基本技能；初步形成解决税收实际问题的能力，全面提高税收知识综合应用能力，为增强适应职业变化的能力和继续学习的能力奠定一定的基础。

本教材在编写过程中着重突出以下特点：

1. 基于企业生命周期过程导向开发教材

企业纳税实务实训是一门与企业办税人员业务岗位直接对应的课程，通过对企业办税员业务岗位的日常工作分析，实现报税人员的实际业务操作过程向纳税实务课程的模拟。在结构上，编者基于企业生命周期——成立、发展及衰退过程中，办税员岗位所需的工作流程开发教材,贯彻以工作岗位为基础、工作任务为导向、工作过程为依托的"立体化"教材设计框架。将工作过程与学习过程有机结合,教师的教学过程就是系统化、典型化的办税员的工作过程。通过基于工作过程的设计,重新整合教材内容,实现实体税种与税收程序、申报实务与账务处理、法条解读与实务操作的有机统一。经过专家反复论证,完善教材体例、结构和内容,使其更具有实用性和职业性。

2. 创新性

一是内容上创新。紧跟国家经济形势变化和税制改革动态,根据国务院办公厅2016年6月30日发布的《关于加快推进"五证合一、一照一码"登记制度改革的通知》(国办发[2016]53号),把"五证合一"(营业执照、组织机构代码证、税务登记证、社会保险登记证和统计登记证五证合一)登记制度,以及由工商行政管理部门核发一个加载法人和其他组织统一社会信用代码的营业执照,即"一照一码"登记模式纳入教材;结合国家税务总局公告2014年第63号《关于发布企业所得税年度纳税申报表的公告》解读,重新修改了企业所得税案例和填表说明。二是体例上创新。本书共分为8章,先从操作程序和规范要求上简单地介绍企业开业、生产、变更注销等过程中产生的纳税登记,增值税专用发票领用,出口退税申报,税务纠纷的处理等;纳税实务的实施主体、税法在纳税会计实务中的应用以及纳税人纳税实务操作的工作程序;接下来为"纳税实务实训指导",采用实务中的案例——金华市婺州酒业股份有限公司,具体介绍纳税人纳税实务工作程序,包括纳税登记模拟、涉税票证填制实务模拟以及纳税申报实务模拟,训练学生纳税实务操作全过程,体现了点与面的结合。

3. 融"教、学、做"于一体,突出岗位能力培养

教学结合、突出岗位能力培养是会计专业应用型人才培养的基本指导思想,而"教、学、做"一体化则是突出岗位能力培养的重要手段。本书基于会计工作岗位,紧紧围绕企业办税员岗位工作需要,以企业办税员岗位能力为目标,引导学生联系工作任务解决实际问题,获取岗位所需的能力。本书的编制融税收基础理论、纳税会计实务、税收政策法规于一体,详细介绍了纳税实务的工作内容和工作程序、各税种纳税申报的种类和填报,还介绍了网上纳税的方法;给出了企业涉税实训的原始资料,通过课堂训练操作,对基本技

能进行全面提升,帮助学生形成完整的纳税实务处理技能。

本书由浙江师范大学行知学院的虞拱辰、陈委委和金华中瑞税务师事务所有限责任公司的虞江帆编写。在编写过程中,参考了有关专家学者编写的教材和专著,得到了有关行业企业会计专家的指导和任课老师的大力支持,同时也获得了"浙江师范大学行知学院重点教材项目"的资助,在此一并表示诚挚的谢意!税法在变,会计在变,教材也应及时更新。在出版社的大力支持下,我们力争使教材内容及时反映最新变化。但由于编者水平有限,书中存在的不足,敬请广大读者批评指正。

编　者

2018 年 1 月

目　录

前言 / 1

第一章　操作程序和规范要求 / 1
一、企业开业登记 / 1
二、办理税种登记 / 1
三、签署税库银三方协议 / 1
四、办理增值税一般纳税人资格登记 / 1
五、申请核定发票票种和增值税专用发票最高开票限额 / 1
六、购买税控设备 / 2
七、开通 VPDN / 2
八、申请发票领购簿 / 2
九、出口退(免)税备案登记 / 2
十、办理其他报备业务 / 2
十一、增值税发票的领购和开具 / 2
十二、增值税发票挂失/损毁 / 3
十三、办理纳税申报和出口退税申报 / 3
十四、税务纠纷处理 / 4
十五、企业变更、注销税务登记 / 5

第二章　模拟企业概况 / 6
一、基础信息资料 / 6
二、基本会计信息 / 7

第三章　企业开业涉税实务 / 8
一、企业开业税务实训业务资料 / 8
二、模拟企业开业涉税业务实训 / 8

第四章　模拟企业发票领用实务 / 17

一、模拟企业发票领用税务实训业务资料 / 17

二、模拟企业发票领用税务实训 / 18

第五章　模拟企业纳税申报实务(一) / 28

一、模拟企业纳税申报实训业务资料 / 28

二、模拟企业纳税申报业务实训 / 33

第六章　模拟企业纳税申报实务(二) / 49

一、模拟企业所得税汇算清缴实训业务资料 / 49

二、模拟企业所得税汇算清缴实训 / 54

第七章　模拟企业税务纠纷处理实务 / 74

一、模拟企业税务纠纷处理实训业务资料 / 74

二、模拟企业税务纠纷处理业务实训 / 76

第八章　模拟企业变更、涉税实务 / 81

一、模拟企业变更、终止经营税务实训业务资料 / 81

二、模拟企业变更、终止经营涉税业务实训 / 83

第一章 操作程序和规范要求

一、企业开业登记

企业开业登记由市场监管部门(工商行政管理部门)归口受理申请表和申请资料,采取"一表申请、一窗受理、并联审批、一份证照"的流程:办证人持工商网报系统申请审核通过后打印的《新设企业五证合一登记申请表》,携带其他纸质资料,至大厅多证一窗口;窗口核对信息、资料无误后,将信息导入工商准入系统,生成工商注册号,并在"五证合一"打证平台生成各部门号码,补录相关信息;同时,窗口专人将企业材料扫描,与《工商企业注册登记联办流转申请表》传递至质监、国税、地税、社保、统计五部门,由五部门分别完成后台信息录入;制作一份包含"五证"(工商营业执照、组织机构代码证、税务登记证、社会保险登记证、统计登记证)功能的"一证一码"证照(工商营业执照和统一社会信用代码证)发放申请人。部门间实现数据互换、档案共享、结果互认。

二、办理税种登记

企业相关人员携带五证合一证照,到主管税务机关税务服务大厅办理税种登记业务。企业首次办理涉税事项时,主管税务机关按照纳税人出示的基础信息资料进行"免填单"式信息采集,并开展常用办税事项告知、税种登记、办税操作辅导等"一站式"服务;纳税人可通过税务登记查询平台,查询自身税务登记信息。

三、签署税库银三方协议

企业至办税服务大厅取一份加盖税务机关公章的协议书(一式三联),加盖本企业公章后,携带五证合一证照、公章、银行开户证明(基本结算账户证明)到银行签署税库银三方协议,开设企业纳税银行账号,再将盖有银行公章的协议回执送到税务机关服务大厅窗口录入。

四、办理增值税一般纳税人资格登记

由企业向主管税务机关填报《增值税一般纳税人登记表》,如实填写固定生产经营场所等信息,加盖企业公章后,再携带税务登记证件等证明资料一起报送税务机关。税务机关受理后,即时办理资格登记。

五、申请核定发票票种和增值税专用发票最高开票限额

企业携带五证合一证照、发票专用章、公章、经办人身份证及复印件、《税务行政许可申请表》、《纳税人领用发票票种核定表》和《增值税专用发票最高开票限额申请单》向主管税务机关申请办理。

六、购买税控设备

企业携带增值税税控系统《增值税专用发票最高开票限额许可决定书》和《增值税税控系统安装使用告知书》到税务机关指定的服务单位领购税控系统专用设备。主管税务机关需要对税控设备进行初始化处理,将开票所需的各种信息载入金税盘(税控盘)。

七、开通 VPDN

企业携带五证合一证照、公章、纳税人身份证,选择移动、联通、电信中的任一家营业厅办理开通 VPDN。

八、申请发票领购簿

企业携带五证合一证照向主管税务机关填报《增值税发票领购簿申请表》,加盖企业公章和有关人员印章后,连同财务专用章或发票专用章印模、经办人身份证明、工商营业执照副本、一般纳税人资格证明原件及复印件、购置防伪税控开票系统设备证明材料、申请防伪税控增值税专用发票最高开票限额决定书、防伪税控增值税发票票种及用量核定表等证明资料一起报送主管税务机关。主管税务机关经审核无误后,核发《发票领购簿》。

九、出口退(免)税备案登记

企业在办理对外贸易经营者备案登记之日起 30 日内,持五证合一证照、海关进出口货物收发货人报关注册登记证书、银行开户许可证、对外贸易经营者备案登记表(加盖备案登记专用章)等资料到主管税务机关办理出口退(免)税备案登记。上述资料复印件要求写上"此复印件与原件相符"字样,并加盖企业公章。

十、办理其他报备业务

企业应当自领取五证合一证照之日起 15 日内,将其财务、会计制度或者财务、会计处理办法报送主管税务机关备案,并自金融机构开立账户之日起 15 日内向主管税务机关报告全部账号(包括基本存款账户、一般存款账户、临时存款账户和专用存款账户,存款人只能在金融机构开设一个基本存款账户);发生变化的,应当自变化之日起 15 日内,向主管税务机关书面报告;使用计算机记账的,应当在使用前将会计电算化系统的会计核算软件、使用说明书及有关资料报送主管税务机关备案。

十一、增值税发票的领购和开具

(一)增值税发票的领购

企业办税员携带税控盘和发票领购簿至主管税务机关(第一次购买发票还需要带操作员结业证书)领购增值税发票,一次可领购多份、多种类型发票,并将电子发票读入开票软件(报税盘中的电子发票与纸质发票一致)。

(二)增值税发票的开具

企业一般销售业务增值税发票的开具要求:项目齐全,与实际交易相符;字迹清楚,不得压线、错格;发票联和抵扣联加盖财务专用章或者发票专用章;按照增值税纳税义务的发生时间开具。一般销售业务增值税发票开具需要注意的事项：一张发票最多可维护8行商品记录；超过8个商品行则开具清单发票；商品从编码库中选择；税额项由系统自动算出，无法修改。

1. 系统开具增值税发票应注意事项

填开专用发票时税额项由系统自动计算得出，无法修改；购货单位信息填写方式；发票开具成功则购货单位信息会自动保存在客户信息库中，可供下次填开发票时选择；商品信息只能从商品库中选择，不允许手动录入；发票填开完成后点击"打印"保存发票信息，一旦发票保存后则不允许修改，如发现错误只能通过作废功能作废发票后重新开具正确发票。

2. 折扣方式销售业务增值税专用发票的开具应注意事项

折扣行只能删除不能修改；商品行与它的折扣行之间不允许加入其他记录；折扣行也算在商品总行数之内；每个商品行都可以加折扣，也可以对多行商品加统一折扣，但不能对合计金额加折扣。

3. 开具清单发票应注意事项

每张增值税专用发票只带一个销货清单；增值税专用发票票面只有清单行及折扣行，没有其他商品行；在清单中可以对单行商品加折扣，也可以对连续多行商品加折扣；总的折扣金额、税额将显示在发票票面上的折扣行内；销货清单中的计价原理与发票票面的计价原理完全相同，即单行商品金额、税额的算法、合计金额、合计税额的算法以及精确计位方法均与发票票面中的相同。

4. 增值税红字发票开具条件

一般纳税人开具增值税专用发票后，发生销货退回、开票有误等情形但不符合作废条件的，或者因销货部分退回及发生销售折让；不符合作废条件且没超过该张发票认证期限。

购方申请开具增值税红字发票的条件：增值专用发票已抵扣，即购买方获得的专用发票认证相符且已进行了抵扣，之后因发生销货退回或销售折让需要做进项税额转出；因如下原因使增值税专用发票未抵扣：抵扣联、发票联均无法认证；认证结果为纳税人识别号认证不符；认证结果为发票代码、号码认证不符；购方所购货物不属于增值税扣税项目范围，取得的专用发票未经认证。

销方申请开具增值税红字发票的条件：因开票有误购买方拒收专用发票。销售方必须在专用发票认证期限内向主管税务机关提出申请；因开票有误等原因尚未将专用发票交付给购买方。销售方必须在开具蓝字专用发票的次月内向主管税务机关提出申请。

十二、增值税发票挂失/损毁

企业增值税发票遗失、被盗，或者遇水、火等灾害后造成损毁等情况应在相应级别的媒体和《中国税务报》上声明作废后，企业应填写《发票挂失/损毁报告表》，并加盖企业公章和有关人员印章后，连同增值税发票挂失/损毁报告表，以及刊登声明报纸的报头和刊登声明的版面原件与复印件向税务机关报告。

十三、办理纳税申报和出口退税申报

（一）增值税专用发票抵扣联认证

企业（增值税一般纳税人）取得销售方使用新系统开具的增值税专用发票（包括增值税专用发票、机动车销售统一发票，下同），可以不再进行扫描认证，通过增值税发票税控开票软件登录本省增值税发票查询平台，查询、选择用于申报抵扣或者出口退税的增值税发票信息，未查询到对应发票信息的，仍可进行扫描认证。

增值税专用发票抵扣联认证，即企业将增值税专用发票抵扣联扫描或键盘录入，将专用发票抵扣联的主要信息（包括开票日期、发票代码、发票号码、购销双方的税务登记号、金额、税额）和发票上的84位密文转化为电子信息，在严密的安全机制下，将电子信息通过网络传输给国税机关，经国税机关的防伪税控认证子系统进行84位解密还原，再与发票明文上的相应内容进行自动对比，产生认证结果，并将认证结果回传给纳税人。纳税人应于每月纳税申报前按月打印申报所属月份的《企业网上认证结果清单》，并把抵扣联发票按照《企业网上认证结果清单》顺序装订成册，在纳税申报期内报主管国税机关申报窗口审核确认。

（二）增值税、消费税、企业所得税及其他相关税收的纳税申报

企业根据经营业务，以企业会计资料为基础，并按税法规定填报增值税、消费税、城市维护建设税、房产税、车船税、城镇土地使用税、个人所得税、教育费附加和地方教育费附加，以及企业所得税按季预缴和年终汇算清缴的纳税申报表及附表，并做到数据真实、计算准确、内容完整。

（三）增值税出口退税

企业要按商品出口业务和税法规定计算应退增值税，并按税法规定填报相关纳税申报表及附表。在货物报关出口之日次月起至次年4月30日前的各增值税纳税申报期内，收齐凭证办理出口退税申报。办理出口退税申报需要报送的资料：免抵退税申报汇总表及其附表、增值税纳税申报表、免抵退税申报资料情况表、生产企业出口货物当期单证齐全并且信息齐全明细表，以及税务机关要求报送的其他资料等。

需要注意：企业出口退（免）税申报当前已实行无纸化，当月只要上传电子数据即可，纸质申报资料留存企业；生产企业只比对海关报关单数据，只要报关单信息齐全，可在当月做收齐，否则零申报；办理出口退（免）税申报的电脑须与安装金税盘电脑为同一台，否则无法完成退（免）税申报。

十四、税务纠纷处理

（一）纳税担保

企业应按主管税务机关要求填报纳税担保书、纳税担保财产清单。

（二）听证

企业在收到主管税务机关《税务行政处罚事项告知书》后3日内向主管税务机关书面提出听证要求。

（三）税务行政复议

企业在知道主管税务机关做出具体行政行为之日起60日内向主管税务机关的上一级税务机关以书面或口头方式提出税务行政复议。主管税务机关当场做出具体行政行为的，自具体行政行为做出之日起计算；以载明具体行政行为的法律文书直接送达的，自受送达人签收之日起计算；以载明具体行政行为的法律文书邮寄送达的，自受送达人签收之日起计算；具体行

政行为依法通过公告形式告知受送达人的,自公告规定的期限届满之日起计算。

(四)税务行政诉讼

企业对主管税务机关征税行为提起税务行政诉讼,必须先经过税务行政复议,对税务行政复议决定不服的,可在收到税务行政复议决定书之日起15日内向人民法院提起税务行政诉讼;对其他具体行政行为不服的,可在收到通知或知道之日起15日内向人民法院提起税务行政诉讼。税务机关做出具体行政行为时未告知当事人诉权和起诉期限的,起诉期限可从当事人实际知道诉权或起诉期限之日起计算,但最长不得超过2年。

十五、企业变更、注销税务登记

(一)变更税务登记

企业税务登记项目发生变更时,在发生变更后30日内,到主管税务机关领取填写《变更税务登记表》,并提交:已变更的五证合一证照副本及企业核准变更通知书原件、复印件,法定代表人身份证原件、复印件,纳税人变更登记内容的有关证明文件及复印件,(变更地址)带租赁合同原件与复印件及房产证复印件等资料。

(二)注销税务登记

1. 经营期进行正常纳税申报

企业税务注销登记前正常经营行为,按实际经营期进行正常纳税申报。期末存货中尚未抵扣的已征增值税,以及征税后出现的进项税额大于销项税额后不足抵扣部分,税务机关不再退税。

2. 注销企业所得税清算

企业应当在办理解散式税务注销登记之前,以整个清算期间作为一个纳税年度,依法计算清算所得及其应纳所得税,自清算结束之日起15日内,填报《中华人民共和国企业清算所得税申报表》及资产处置损益明细表、负债清偿损益明细表、剩余财产计算和分配明细表、其他相关资料,向税务机关进行纳税申报。

变更式税务注销无需财产清算,只需做单纯税费清算注销。

3. 注销税务登记

企业在办理注销税务登记前,应当向主管税务机关结清应纳税款、滞纳金、罚款,缴销发票和其他税务证件。税务登记证注销流程:

缴销发票,由企业财务人员完成;账务清算处理即将完成或完成后不再使用发票即可进行。

提交税务注销登记申请审批表及其他资料,包括税务注销登记申请审批表、股东会决议、报告、发票领购簿及缴销结果、税务登记证正副本,分别向国地税办理。

出口企业依法应终止出口货物退(免)税事项的,应持相关证件、资料到主管税务机关办理出口退(免)税注销认定。主管税务机关受理企业申请后应按规定进行审核,对于审核无误的,办理相关认定注销手续。

第二章　模拟企业概况

一、基础信息资料

纳税人名称：金华市婺州酒业股份有限公司
纳税人英文名称：Jinhua Wuzhou Wine Co., Ltd.
统一社会信用代码（纳税人识别号）：913307001615125672
公司成立时间：20××年7月2日
工商登记注册号：913307001615125672
工商登记日期：20××年7月2日
法人代表人：郑友钱，电话：0579-89228888
总经理：易得财，电话：0579-89228866
注册地址：金华市师大路888号
营业地址：金华市师大路888号
邮政编码：321000
电话号码：0579-89226688，传真：0579-89226668
电子邮箱：123456@163.com
纳税人编号：6188557X
对外贸易经营者备案登记表编号：02266666
组织机构代码：66554433-6
纳税人信用等级：A
海关企业代码：3307028888
出口白酒的商品代码：22089020
出口白酒的征税率：17%
出口白酒的退税率：15%
经营者类型：股份有限公司
所属行业：1512酒制造
隶属关系代码：40
注册类型：160股份有限公司
注册资本：1 200万元
有效期：30年
从业人数：180人
股东信息：郑友钱（中国公民，身份证号：33070219680131123X，投资比例60%）；吴崴斋（中国公民，身份证号：33070219721131123Y，投资比例40%）
开户银行：中国工商银行浙师大支行，开户时间：20××年7月11日
基本存款账户账号：6222081208006 6888

一般存款账户账号：6222081208006886
出口退税账户账号：6222081208006888
专用账户账号：6222000000888888
会计主管：马尚富（身份证号：330702196801311123Z），电话：0579-89226666
会计人员：吴珍奕（办税人员，身份证号：330702196801311123H），蒋诚信（出纳，身份证号：330702196801311123J），电话：0579-89226667
记账本位币：人民币
地税机关代码：23307020000

二、基本会计信息

金华市婺州酒业股份有限公司主要从事婺州牌酒类商品的生产、境内销售和出口。

（一）生产销售商品及价格信息

类别	商品名称	型号	单位	批发价格	备注
粮食白酒	婺州特曲（原浆）	38度	箱	120	每箱6瓶，每瓶500g
		45度		260	
		56度		380	
	婺州特曲（酱香）	38度		150	
		45度		300	
		56度		450	
果酒	婺州杨梅酒	7度		100	每箱24瓶，每瓶750ml
	婺州柑橘酒			80	

（二）涉及主要税种及税率

税　种	计税依据	税　率
增值税	销售额	17%（抵扣进项税额后缴纳）
消费税	销售额	婺州特曲20%
		果酒10%
	销售数量	粮食白酒0.5元/斤
城市维护建设税	增值税+消费税	7%
企业所得税	应纳税所得额	25%
教育费附加	增值税+消费税	3%
地方教育费附加	增值税+消费税	2%
房产税	房产余值	1.2%
城镇土地使用税	实际使用面积	8元/m²
车船税	机动车辆	对照税率表
印花税	购销合同、营业账簿	对照税率表

第三章　企业开业涉税实务

一、企业开业税务实训业务资料

（一）办理税种登记业务

20××年7月12日,企业持五证合一证照、公章到国税、地税税收服务大厅办理税种登记业务,并填报纳税人税种登记表。

（二）签署税库银三方协议

20××年7月12日,企业持五证合一证照、公章、银行基本账户开户证明到工商银行签署税库银三方协议书(一式三联),并将其中一联送达主管税务机关。

（三）办理增值税一般纳税人资格登记

20××年7月12日,企业持《增值税一般纳税人登记表》(一式二份)和税务登记证件等到税收服务大厅办理增值税一般纳税人资格登记。

（四）办理税务行政许可申请和增值税专用发票最高开票限额申请

20××年7月12日,企业持五证合一证照、发票专用章、公章、经办人身份证及复印件等向主管税务机关办理税务行政许可申请和增值税专用发票(增值税税控系统)最高开票限额申请。根据公司销售规模申请增值税专用发票(增值税税控系统)最高开票限额100万元。

（五）办理报备业务

1. 20××年7月21日,将开立的银行基本存款账户或者其他存款账户向主管税务机关书面报告其全部账号。

2. 20××年7月21日,将如下情况向主管税务机关报备：适用企业会计准则(一般企业)、会计核算软件采用用友软件、固定资产折旧采用年限平均法、存货成本计价方法采用月末一次加权平均法、坏账损失核算方法采用备抵法,按实际成本法进行成本核算。

3. 20××年8月5日,购入管理部门用的电脑10台,每台4 000元,缩短折旧年限至2年。20××年8月10日,向主管税务机关报送固定资产加速折旧或缩短折旧年限备案表。

（六）出口退(免)税备案登记

20××年8月10日,企业通过系统向税务机关填报《出口退(免)税备案登记表》。

二、模拟企业开业涉税业务实训

（一）办理税种登记

纳税人税种登记表

根据本单位生产经营范围、应税财产情况及税法的有关规定,我单位应申报缴纳如下税种类。如应纳税

(费)项目发生变化,重新确认。

经办人签字:

纳税人(公章):　　　　　　　　　　　　　　　　　　　　　　年　月　日
企业名称:　　　　　　　　　　　　　　　　　　　联系电话:
纳税人识别号:

序号	选择	税(费)种	征收项目	税(费)率	申报期限
1		增值税	销售、出口白酒	17%	次月15日前
2		消费税	粮食白酒	20%、0.5元/斤	次月15日前
3			果酒	10%	次月15日前
4					
5					
6					
7					

纳税人税(费)种登记表

根据本单位生产经营范围、应税财产情况及税法的有关规定,我单位应申报缴纳如下税(费)种类。如应纳税(费)项目发生变化,重新确认。

经办人签字:

纳税人(公章):　　　　　　　　　　　　　　　　　　　　　　年　月　日
企业名称:　　　　　　　　　　　　　　　　　　　联系电话:
纳税人识别号:　　　　　　　　　　　　　　　　　　社保编号:

序号	选择	税(费)种	征收项目	税(费)率	申报期限
1		企业所得税	生产经营所得	25%	季后15日前
2		城市维护建设税	城市	7%	次月15日前
3		教育费附加	教育费附加	3%	次月15日前
4		地方教育费附加	地方教育费附加	2%	次月15日前
5		印花税	购销合同	0.03%	季后15日前
6		印花税	资金账簿	0.05%	随到随征
7		房产税	房产余值	1.2%	3月、9月
8		城镇土地使用税	实际占用土地面积	12元/平方米	3月、9月
9		车船税	2.5L汽车	720/辆	保险机构代缴
10		个人所得税(全员申报)	工资、薪金所得	3%~45%	季后15日前
11		残疾人保障金	残疾人就业保障金	1.5%	每年9月
12		养老保险基金	企业缴纳养老保险	14%	次月15日前
13		医疗保险基金	企业缴纳医疗保险	5%	次月15日前
14		失业保险基金	企业缴纳失业保险	1%	次月15日前
15		工伤保险基金	企业缴纳工伤保险	1%	次月15日前
16		生育保险基金	企业缴纳生育保险	0.5%	次月15日前
17					

(二) 签署税库银协议[①]

<h3 style="text-align:center">浙江省地税电子缴税扣款协议书</h3>

协议书编号：
甲方(地税机关)：
地税机关代码：　　　　　　　　　　　　　　联系电话：
乙方(纳税人/缴费人)：　　　　　　　　　　　联系电话：
统一社会信用代码(纳税人识别号)：
账户名称：　　　　　　　　　　　　　　　　 账户账号：
丙方(金融机构)：
清算银行名称：　　　　　　　　　　　　　　 清算银行行号：
开户银行行号：　　　　　　　　　　　　　　 联系电话：

　　为了方便纳税人(含缴费人,下同)缴纳税款(包括滞纳金、罚款、地税机关征收的基金、费等,下同),提高税款征收、入库效率,根据国家相关法律、法规规定,甲、乙、丙三方达成如下协议：
　　1. 甲、乙、丙三方承诺遵守《中华人民共和国税收征收管理法》、《中华人民共和国合同法》、《浙江省社会保险费征缴办法》等相关规定。
　　2. 乙方委托丙方根据甲方提供的乙方应缴纳税款电子信息,从乙方指定的账户中扣缴税款,扣款日期以丙方收到甲方提供的电子扣款信息日期为准。
　　3. 乙方应保证上述账户余额足够缴纳税款,保证账户能正常结算,因账户余额不足或不能正常结算等原因造成不能及时扣款的,由乙方承担责任。
　　4. 通过网税系统申报纳税的,乙方应在操作界面中自行点击扣款操作,否则,产生的滞纳金等由乙方承担。
　　5. 丙方保证在收到甲方提供的扣税信息后,在乙方指定的账户扣款。如果丙方没有收到甲方的扣款信息而自行对乙方账户扣划税款,或丙方收到甲方扣款信息后在乙方非指定账户扣划税款,或不按甲方指定的金额扣划税款,由丙方承担责任。
　　6. 甲方、丙方发起扣缴税款时,因不可抗力(包括且不限于自然灾害)造成乙方的税款不能按时扣缴入库,三方均不承担责任。
　　7. 乙方变更名称、扣款银行、账号、主管税务机关的,需要重新签订电子缴税扣款协议书,因乙方变更上述内容而重新签订扣款协议书,造成的滞纳金由乙方承担。
　　8. 甲方变更机关名称、机关代码,丙方变更开户银行名称或行号、清算银行行号,三方协议继续有效,乙方如有异议,携带有效身份证件,到协议签订单位变更。
　　9. 甲、乙、丙三方发生纠纷后,应协商解决,协商不成的,可向人民法院起诉。
　　10. 本协议有效期为5年。期限届满后,如果协议各方对继续履行本协议无书面异议的,则本协议自动顺延5年,其后每次类推;如果甲方、丙方要求解除协议的,甲方、丙方应书面通知乙方或出具公告;如果乙方要求解除协议的,乙方需携带有效身份证件,分别与甲、丙方办理解除手续;乙方注销税务(缴费)登记的,本协议即自行终止。
　　11. 本协议自甲、乙、丙三方签章之日起生效。本协议所涉及政策有调整的,则按新政策执行。
　　12. 本协议一式三份,甲、乙、丙三方各执一份,均具有同等法律效力。

甲方：(公章)	乙方：(公章)	丙方：(公章)
地址：	地址：	地址：
负责人：	法人代表人：	负责人：
经办人：	经办人：	经办人：
年　月　日	年　月　日	年　月　日

[①] 浙江省国税电子缴税扣款协议书(略)。

(三)填报《增值税一般纳税人登记表》

增值税一般纳税人登记表

纳税人名称			社会信用代码(纳税人识别号)	
法定代表人 (负责人、业主)		证件名称及号码		联系电话	
财务负责人		证件名称及号码		联系电话	
办税人员		证件名称及号码		联系电话	
税务登记日期					
生产经营地址					
注册地址					
纳税人类别：企业☐ 非企业性单位☐ 个体工商户☐ 其他☐					
主营业务类别：工业☐ 商业☐ 服务业☐ 其他☐					
会计核算健全：是☐					
一般纳税人生效之日：当月1日☐ 次月1日☐					
纳税人(代理人)承诺： 　　会计核算健全，能够提供准确税务资料，上述各项内容真实、可靠、完整。如有虚假，愿意承担相关法律责任。 经办人：　　　　法定代表人：　　　　代理人：　　　(签章) 　　　　　　　　　　　　　　　　　　　　　　年　　月　　日					
以下由税务机关填写					
税务机关受理情况	 受理人：　　　　　　　　　　　受理税务机关(章) 　　　　　　　　　　　　　　　　　年　　月　　日				

填表说明：1. 本表由纳税人如实填写。
　　　　　2. 表中"证件名称及号码"相关栏次，根据纳税人的法定代表人、财务负责人、办税人员的居民身份证、护照等有效身份证件及号码填写。
　　　　　3. 表中"一般纳税人生效之日"由纳税人自行勾选。
　　　　　4. 本表一式二份，主管税务机关和纳税人各留存一份。

（四）填报《税务行政许可申请表》和《增值税专用发票最高开票限额申请单》

税务行政许可申请表

申请日期：　　　年　　月　　日

申请人	申请人名称			
	统一社会信用代码（纳税人识别号）			
	法定代表人（负责人）			
	地址及邮政编码			
	经办人		身份证件号码	
	联系电话		联系地址	
	委托代理人		身份证件号码	
	联系电话		联系地址	
申请事项	□企业印制发票审批 □对纳税人延期申报的核准 □对纳税人延期缴纳税款的核准 □增值税专用发票(增值税税控系统)最高开票限额审批 □对纳税人变更纳税定额的核准 □对采取实际利润额预缴以外的其他企业所得税预缴方式的核定 □非居民企业选择由其主要机构场所汇总缴纳企业所得税的审批 □印花税票代售许可			
申请材料	除提供经办人身份证件(□)外，应根据申请事项提供以下相应材料： 一、企业印制发票审批 □1. 税务登记证件 □2.《印刷经营许可证》或《其他印刷品印制许可证》 □3. 生产设备、生产流程及安全管理制度 □4. 生产工艺及产品检验制度 □5. 保存、运输及交付相关制度 二、对纳税人延期缴纳税款的核准 □1.《延期缴纳税款申请审批表》 □2. 纳税人申请延期缴纳税款报告(详细说明申请延期原因，人员工资、社会保险费支出情况，连续3个月缴纳税款情况) □3. 当期货币资金余额情况及所有银行存款账户的对账单 □4. 应付职工工资和社会保险费等省税务机关要求提供的支出预算 □5.《资产负债表》 □6. 因不可抗力，导致纳税人发生较大损失，正常生产经营活动受到较大影响的，应报送因不可抗力的灾情报告或公安机关出具的事故证明 三、对纳税人延期申报的核准 □1.《延期申报申请核准表》 □2. 确有困难不能正常申报的情况说明 四、对纳税人变更纳税定额的核准 □申请变更纳税定额的相关证明材料 五、增值税专用发票(增值税税控系统)最高开票限额审批 □增值税专用发票最高开票限额申请单			

续表

| 申请材料 | 六、对采取实际利润额预缴以外的其他企业所得税预缴方式的核定
□按照月度或者季度的实际利润额预缴确有困难的证明材料
七、非居民企业选择由其主要机构场所汇总缴纳企业所得税的审批
□1. 汇总缴纳企业所得税的机构、场所对其他机构、场所负有管理责任的证明材料
□2. 设有完整的账簿、凭证，能够准确反映各机构、场所的收入、成本、费用和盈亏情况的证明材料
八、印花税票代售许可
□1. 加盖单位公章的财务管理、现金管理、印花税票的保管管理办法
□2.《银行开户许可证》
委托代理人提出申请的，还应当提供代理委托书(□)、代理人身份证件(□)。 |

收件人：　　　　收件日期：　　年　月　日　　　　编号：

增值税专用发票最高开票限额申请单

申请事项（由纳税人填写）	纳税人名称		纳税人识别号	
	地址		联系电话	
	购票人信息			
	申请增值税专用发票(增值税税控系统)最高开票限额	□初次　□变更　（请选择一个项目并在□内打"√"） □一亿元　□一千万元　□一百万元　□十万元　□一万元 □一千元(请选择一个项目并在□内打"√")		
	申请理由： 经办人(签字)：　　　　　　　　　　　　纳税人(印章)： 　年　月　日　　　　　　　　　　　　　　年　月　日			
区县税务机关意见	发票种类		批准最高开票限额	
	增值税专用发票(增值税税控系统)			
	经办人(签字)：　　　批准人(签字)：　　　税务机关(印章)： 　年　月　日　　　　　年　月　日　　　　　年　月　日			

注：本申请表一式两联：第一联由申请纳税人留存；第二联由区县税务机关留存。

（五）填报纳税人存款账户账号报告表

纳税人存款账户账号报告表

纳税人名称			纳税人识别号		
经营地址					
账户性质	开户银行	账号	开户时间	变更时间	注销时间	备注

报告单位：
经办人：
法定代表人（负责人）：
报告单位(签章)
　　　　　　　年　月　日

受理税务机关：
经办人：
负责人：
税务机关(签章)
　　　　　　　年　月　日

注：账户性质按照基本账户、一般账户、专用账户、临时账户如实填写，本表一式三份，分别报送国税、地税主管机关一份，纳税人留存一份。

（六）填报财务会计制度及核算软件备案报告书

财务会计制度及核算软件备案报告书

纳税人名称		纳税人识别号	
资料	名　称		备注
1. 财务、会计制度			
2. 折旧方法（大类）			
3. 会计核算软件			
4. 成本核算方法			
5.			

纳税人：
经办人：
负责人：
报告单位(签章)
　　　报告日期　　年　月　日

税务机关：
经办人：
负责人：
税务机关(签章)
　　　受理日期　　年　月　日

（七）填报固定资产加速折旧或缩短折旧年限备案表

固定资产加速折旧或缩短折旧年限备案表

纳税人识别号						纳税人名称					
备案情况											
固定资产税收分类	固定资产类别	固定资产名称	取得日期	加速折旧原因	加速折旧方式	缩短折旧年限			加速折旧计算	
^	^	^	^	^	^	已使用标识	税收折旧年限	已使用年限	备案折旧年限	加速折旧方法	预计使用寿命

纳税人(公章)
法定代表人(签章)：　　　　经办人(签章)：　　　　报告日期：　　年　　月　　日

税务机关(公章)
备案人(签章)：　　　　负责人(签章)：　　　　备案日期：　　年　　月　　日

（八）出口退(免)税备案登记

出口退(免)税备案登记表

纳税人名称			
纳税人英文名称			
企业海关代码			
电话		传真	
邮编		电子信箱	
企业注册地址			
经营场所(中文)			
纳税人识别号		纳税人类型	增值税一般纳税人（　）
^	^	^	增值税小规模纳税人（　）
^	^	^	其他（　）
主管税务机关		纳税人信用等级	
登记注册类型代码		经营者类型代码	
隶属关系代码		行业归属代码	

续表

对外贸易经营者备案登记表编号					
是否提供零税率应税服务			提供零税率应税服务代码		
工商登记	注册号		企业法人代表或个体工商户业主	姓名	
	注册日期			身份证	
	有效期			电话	
	注册资金				
退税开户银行					
退税开户银行账号					
企业办理退(免)税人员	姓名		电话		
	身份证				
	姓名		电话		
	身份证				
享受增值优惠政策情况					
先征后退( )	即征即退( )		超税负退还( )	其他( )	
主管外汇管理局					
附送资料					
退税计算办法及申报方式					
退(免)税计算办法	1. 免抵退税( )				
	2. 免退税( )				
	3. 免税( )				
	4. 其他( )				
纸质凭证申报方式	上门申报( )		数据电文申报	上门申报( )	
	邮寄申报( )			远程申报( )	
是否分部核算	是( )否( )		分部核算部门代码		

申请认定者认真阅读以下条款,并由企业法定代表或个体工商户负责人签字、盖章以示确认:
一、遵守各项税收法律、法规及规章;
二、在《出口退(免)税备案表》中所填写的信息及提交的材料是完整的、准确的、真实的;
三、《出口退(免)税备案表》上填写的任何事项发生变化,应到原备案机关办理备案变更。
以上如有违反,将承担一切法律责任。
此表一式二份。

法定代表人(申明签章)
纳税人公章
年　月　日

第四章　模拟企业发票领用实务

一、模拟企业发票领用税务实训业务资料

（一）填报《纳税人领用发票票种核定表》

20××年7月16日，企业持五证合一证照、发票专用章、公章、经办人身份证及复印件等向主管税务机关税收服务大厅办理增值税发票票种核定。根据公司经营业务需要，向金华市国家税务局申请领用增值税专用发票25份、增值税普通发票25份；为了提高开票效率、减少成本支出，办理税控设备初始发行。

（二）申请发票领购簿

20××年7月18日，向主管税务机关填报《增值税发票领购簿申请表》，需要申请领购增值税专用发票25份/月、增值税普通发票25份/月。

（三）开具增值税发票

1. 20××年9月2日，向义乌稠城友谊日用百货公司（纳税人识别号913307000000016，地址：义乌市长安里888号，电话：0579-89226680，开户行：工行长安里支行，账号81451058675081002）销售38度婺州特曲（原浆）500箱，售价120元/箱，现金折扣条件为"3/10，n/30"，开具增值税专用发票。

2. 20××年9月5日，向金华烟酒公司（纳税人识别号913307000000035，地址：金华市常安街888号，电话：0579-89226681，开户行：工行常安街支行，账号8145105867568722）销售56度婺州特曲（原浆）4 000箱，售价380元/箱；销售45度婺州特曲（原浆）2 000箱，售价260元/箱；销售38度婺州特曲（原浆）2 000箱，售价120元/箱；开具增值税专用发票。

3. 20××年9月22日，向金华华光科技开发公司（纳税人识别号913307000000035，地址：金华市永康街888号，电话：0579-89226682，开户行：工行永康街支行，账号8145105867535892）销售杨梅果酒200箱，售价100元/箱，开具增值税普通发票。

4. 20××年9月25日，向湖北省贸详贸易公司（纳税人识别号913705000000013，地址：武汉市紫阳街888号，开户行：工行紫阳街支行，账号8236105867568722）销售56度婺州特曲（原浆）800箱，售价380元/箱；销售45度婺州特曲（原浆）1 000箱，售价260元/箱；开具增值税专用发票。另收取包装箱租金7 000元，开具增值税普通发票。

5. 20××年9月28日，向台州市烟酒公司（纳税人识别号913305000000028，地址：台州市阳光街888号，电话：0579-89226683，开户行：工行阳光街支行，账号8136105867568654）销售56度婺州特曲（原浆）3 000箱，售价380元/箱；销售45度婺州特曲（原浆）2 000箱，售价260元/箱。开具增值税专用发票，并注明商业折扣40 000元。

6. 20××年9月20日，向上海古坊大酒店（纳税人识别号913107000000037，地址：上海市解放街888号，开户行：工行解放街支行，账号8036105867569521）销售56度婺州特曲（原浆）500箱，售价380元/箱；销售45度婺州特曲（原浆）500箱，售价260元/箱；销售38度婺州

特曲(原浆)500箱,售价120元/箱;销售婺州杨梅果酒200箱,售价100元/箱;销售56度婺州特曲(酱香)500箱,售价400元/箱;销售45度婺州特曲(酱香)500箱,售价300元/箱;销售38度婺州特曲(酱香)500箱,售价150元/箱;销售婺州柑橘果酒200箱,售价100元/箱;开具增值税专用发票,并附销售货物清单。

7. 20××年9月29日,上月销售给厦门市丽江商贸公司(纳税人识别号913505000000053,地址:厦门市台北街888号,开户行:工行台北街支行,账号8736105867566384)的56度婺州特曲(酱香)100箱,售价450元/箱,因开票有误要求退货,增值税专用发票已经认证抵扣,密码区内打印的代码:3300101011,发票号码:087718271;开具红字增值税专用发票。

8. 20××年9月20日,报关出口给捷克的××××公司的56度婺州特曲(酱香)3 000 kg,17.425 4美元/kg;45度婺州特曲(酱香)15 000 kg,11.229 7美元/kg。共计220 721.7美元(当期美元兑人民币汇率为1∶6.886 5,采取信用证结算,信用证号码:I93110282)。

(四)税控设备、增值税专用发票损毁报告业务

20××年9月30日,因火灾,开票电脑烧毁,包括金税卡、增值税专用发票。增值税专用发票(纸质)25份,发票起止号码为:08871890至08871914,其中空白发票起止号码为:08871903至08871914。在《金华日报》和《中国税务报》上声明作废,并向主管税务机关报送增值税发票损毁报告表,以及刊登声明报纸的报头和刊登声明的版面原件和复印件。

二、模拟企业发票领用税务实训

(一)填报《纳税人领用发票票种核定表》

纳税人领用发票票种核定表

纳税人识别号						
纳税人名称						
领票人		联系电话		身份证件类型		身份证件号码
发票种类名称	发票票种核定操作类型	单位(数量)	每月最高领票数量	每次最高领票数量	持票最高数量	定额发票累计领票金额	领票方式

纳税人(签章)

经办人:　　　　法定代表人(业主、负责人):　　　　填表日期:　　年　月　日

发票专用章印模:

注:本表一式一份,由主管税务机关留存。

（二）申请发票领购簿

增值税发票领购簿申请表

单位名称		纳税人识别号	
购票人姓名		身份证号	
发票名称	发票代码	联次	每次领用限量（卷）
增值税专用发票		4	
增值税普通发票		3	
法定代表人（签名）： 　　　　　　　　　　　　　　　　　　　　　20××年　　月　　日			
税务机关意见： （公章） 　　　　　　　　　　　　　　　　　　　　　20××年　　月　　日			

（三）填开增值税发票

3300103620　　　浙江省增值税专用发票　　　No 08871890

发 票 联

检验码 72394 82033 11307 96309　　　　　开票日期：20××年　月　日

购货单位	名　　称：	密码区	<6>958317<*4+-5+1327+-7/*64 >2115994831/9258<99/<984396 0302126<0871<9943*/3750<+-7 /*64>2115994831771/*78779>95
	纳税人识别号：		
	地址、电话：		
	开户行及账号：		

货物或应税劳务、服务名称	规格型号	单位	数量	单价	金　额	税率	税　额
合　　计						¥		¥
价税合计（大写）						（小写）¥		

销货单位	名　　称：	备注	查验比对：您可通过 www.zjtax.gov.cn 或纳税服务平台查验比对发票内容和税务局申报内容是否一致，以免不一致造成的后果
	纳税人识别号：		
	地址、电话：		
	开户行及账号：		

收款人：　　　　复核：　　　　开票人：　　　　销货单位：（章）

浙江省增值税专用发票

3300103620　　　　　　　　　　　　　　　　　　　　No 08871891

发票联

检验码 72394 82033 11307 96309　　　　　　开票日期：20××年　月　日

购货单位	名　称：								
^	纳税人识别号：								
^	地址、电话：								
^	开户行及账号：								

密码区：
<6>958317<*4+-5+1327+-7/*64
>2115994831/9258<99/<984396
0302126<0871<9943*/3750<+-7
/*64>2115994831771/*78779>95

货物或应税劳务、服务名称	规格型号	单位	数量	单价	金额	税率	税额
合　计					¥		¥

价税合计（大写）　　　　　　　　　　　　　　　（小写）¥

销货单位	名　称：
^	纳税人识别号：
^	地址、电话：
^	开户行及账号：

备注：网络发票号为：335376846311
查验比对：您可通过 www.zjtax.gov.cn 或纳税服务平台查验比对发票内容和税务局申报内容是否一致，以免不一致造成的后果

收款人：　　　　复核：　　　　开票人：　　　　销货单位：（章）

浙江省增税普通发票

3300456601　　　　　　　　　　　　　　　　　　　　No 55871881

发票联

检验码 72394 82033 11307 96309　　　　　　开票日期：20××年　月　日

购货单位	名　称：
^	纳税人识别号：
^	地址、电话：
^	开户行及账号：

密码区：
<6>958317<*4+-5+1327+-7/*64
>2115994831/9258<99/<984396
0302126<0871<9943*/3750<+-7
/*64>2115994831771/*78779>95

货物或应税劳务、服务名称	规格型号	单位	数量	单价	金额	税率	税额
合　计					¥		¥

价税合计（大写）　　　　　　　　　　　　　　　（小写）¥

销货单位	名　称：
^	纳税人识别号：
^	地址、电话：
^	开户行及账号：

备注：网络发票号为：335376786311
查验比对：您可通过 www.zjtax.gov.cn 或纳税服务平台查验比对发票内容和税务局申报内容是否一致，以免不一致造成的后果

收款人：　　　　复核：　　　　开票人：　　　　销货单位：（章）

浙江省增税普通发票

No 55871882

3300456601

检验码 72394 82033 11307 96309

开票日期：20××年 月 日

发票联

购货单位	名　　称：							
	纳税人识别号：							
	地址、电话：							
	开户行及账号：							

密码区：
<6>958317<*4+-5+1327+-7/*64
>2115994831/9258<99/<984396
0302126<0871<9943*/3750<+-7
/*64>2115994831771/*78779>95

货物或应税劳务、服务名称	规格型号	单位	数量	单价	金额	税率	税额
合　　计					￥		￥

价税合计（大写）　　　　　　　　　　　　　　　　　（小写）￥

销货单位	名　　称：	备注	网络发票号为：335376786311
	纳税人识别号：		查验比对：您可通过 www.zjtax.gov.cn 或纳
	地址、电话：		税服务平台查验比对发票内容和税务局申报内容
	开户行及账号：		是否一致，以免不一致造成的后果

收款人：　　　　复核：　　　　开票人：　　　　销货单位：（章）

浙江省增值税专用发票

No 08871892

3300103620

检验码 72394 82033 11307 96309

开票日期：20××年 月 日

发票联

购货单位	名　　称：							
	纳税人识别号：							
	地址、电话：							
	开户行及账号：							

密码区：
<6>958317<*4+-5+1327+-7/*64
>2115994831/9258<99/<984396
0302126<0871<9943*/3750<+-7
/*64>2115994831771/*78779>95

货物或应税劳务、服务名称	规格型号	单位	数量	单价	金额	税率	税额
合　　计					￥		￥

价税合计（大写）　　　　　　　　　　　　　　　　　（小写）￥

销货单位	名　　称：	备注	网络发票号为：335376846313
	纳税人识别号：		查验比对：您可通过 www.zjtax.gov.cn 或纳
	地址、电话：		税服务平台查验比对发票内容和税务局申报内容
	开户行及账号：		是否一致，以免不一致造成的后果

收款人：　　　　复核：　　　　开票人：　　　　销货单位：（章）

浙江省增值税专用发票

3300103620   No 08871893

发票联   开票日期：20××年 月 日

检验码 72394 82033 11307 96309

购货单位	名　　称：
	纳税人识别号：
	地址、电话：
	开户行及账号：

密码区：
<6>958317<*4+-5+1327+-7/*64
>2115994831/9258<99/<984396
0302126<0871<9943*/3750<+-7
/*64>2115994831771/*78779>95

第二联 发票联：购货方记账凭证

货物或应税劳务、服务名称	规格型号	单位	数量	单价	金　额	税率	税　额
合　　计					￥		￥
价税合计（大写）					（小写）￥		

销货单位	名　　称：
	纳税人识别号：
	地址、电话：
	开户行及账号：

备注：网络发票号为：335376846314
查验比对：您可通过 www.zjtax.gov.cn 或纳税服务平台查验比对发票内容和税务局申报内容是否一致，以免不一致造成的后果

收款人：　　　复核：　　　开票人：　　　销货单位：（章）

国税函（××××）×××号海南华森实业公司

浙江省增值税专用发票

3300103620   No 0887189

发票联   开票日期：20××年 月 日

检验码 72394 82033 11307 96309

购货单位	名　　称：
	纳税人识别号：
	地址、电话：
	开户行及账号：

密码区：
<6>958317<*4+-5+1327+-7/*64
>2115994831/9258<99/<984396
0302126<0871<9943*/3750<+-7
/*64>2115994831771/*78779>95

第二联 发票联：购货方记账凭证

货物或应税劳务、服务名称	规格型号	单位	数量	单价	金　额	税率	税　额
合　　计					￥		￥
价税合计（大写）					（小写）￥		

销货单位	名　　称：
	纳税人识别号：
	地址、电话：
	开户行及账号：

备注：网络发票号为：335376846314
查验比对：您可通过 www.zjtax.gov.cn 或纳税服务平台查验比对发票内容和税务局申报内容是否一致，以免不一致造成的后果

收款人：　　　复核：　　　开票人：　　　销货单位：（章）

国税函（××××）×××号海南华森实业公司

第四章　模拟企业发票领用实务

销售货物或者提供劳务清单

购买方名称：
销售方名称：
所属增值税专用发票代码：　　　　　号码：　　　　　　　　　　共1页　第1页

序号	货物劳务名称	规格型号	单位	数量	单价	金额	税率	税额
小计 总计								
备注								

销售方（章）　　　　　　　　　　　　　　　　　　　填开日期：　　年　月　日

注：本清单一式两联，第一联，销售方留存；第二联，销售方送购买方。

3300103620　　**浙江省增值税专用发票**　　№ 08871894

发 票 联　　　开票日期：20××年12月　日

检验码 72394 82033 11307 96309

购货单位	名　　称：	密码区	<6>958317<*4+-5+1327+-7/*64 >2115994831/9258<99/<984396 0302126<0871<9943*/3750<+-7 /*64>2115994831771/*78779>95
	纳税人识别号：		
	地址、电话：		
	开户行及账号：		

货物或应税劳务、服务名称	规格型号	单位	数量	单价	金　额	税率	税　额
合　　　计					￥		￥

价税合计（大写）　　　　　　　　　　　　　　　　　（小写）￥

销货单位	名　　称：	备注	网络发票号为：335376846315 查验比对：您可通过 www.zjtax.gov.cn 或纳税 服务平台查验比对发票内容和税务局申报内容是否 一致，以免不一致造成的后果
	纳税人识别号：		
	地址、电话：		
	开户行及账号：		

收款人：　　　　复核：　　　　开票人：　　　　销货单位：（章）

开具红字增值税专用发票申请单

开具日期：　　　　　　　　　　年　月　日　　　　NO.

销售方	名　称		购买方	名　称		
	登记证代码			登记证代码		

开具红字专用发票内容	货物(劳务)名称	数量	单价	金额	税率	税额
	合计		—		—	

说明	一、购买方申请　□ 对应蓝字专用发票抵扣增值税销项税额情况： 1. 已抵扣□ 2. 未抵扣□ (1) 无法认证□ (2) 纳税人识别号认证不符□ (3) 增值税专用发票代码、号码认证不符□ (4) 所购货物不属于增值税扣税项目范围□ 对应蓝字专用发票密码区内打印的代码：＿＿＿＿＿＿＿ 　　　　　　　　　　　　　　　　　　　号码：＿＿＿＿＿＿ 二、销售方申请　□ (1) 因开票有误购买方拒收的√ (2) 因开票有误等原因尚未交付的□ 对应蓝字专用发票密码区内打印的代码：＿＿＿＿＿＿＿ 　　　　　　　　　　　　　　　　　　　号码：＿＿＿＿＿＿ 开具红字专用发票理由：产品规格和发票规格不符

申明：我单位提供的《申请单》内容真实，否则将承担相关法律责任。
　　申请方经办人：　　　　联系电话：　　　　申请方名称(印章)：

注：本申请单一式两联：第一联，申请方留存；第二联，申请方所属主管税务机关留存。

浙江省国家税务局通用机打发票

退 税 联

发票代码 133071610197
发票号码 00363197

开票日期：　　　　　　　　　行业分类

购货方名称 Buys the supplier	销售方名称 Sells the supplier
装船口岸 From　　SHANGHAI	合同号码 Contract No.　G217P05D001-1
目的地	成交方式　FOB
信用证号数 Letter of Credit No.	开户银行 Issued by

唛号 Marks Nos	货物名称 Description of Goods	数量 Quantities	单位 Unit	单价 Unit Price	总值 Amount

第四联　国税联

第三联　退税联

（手开无效）

备注
货物离岸合计金额　USD　　　　　　合计 TOTAL：USD

开票单位（盖章）：　　　　　　　　开票人：

浙国税印(金)16081・××××・××・3300本
浙江中瑞印业有限公司承印

浙江省国家税务局通用机打发票

退 税 联

发票代码 133071610197
发票号码　　00363197

开票日期：　　　　　　　　　　　行业分类

购货方名称 Buys the supplier	销售方名称 Sells the supplier	
装船口岸 From　　SHANGHAI	合同号码 Contract No.　　G217P05D001-1	第四联　国税联
目的地	成交方式　FOB	
信用证号数 Letter of Credit No.	开户银行 Issued by	

唛号 Marks Nos	货物名称 Description of Goods	数量 Quantities	单位 Unit	单价 Unit Price	总值 Amount

第三联　退税联

（手开无效）

备注
货物离岸合计金额　USD　　　　　　　　　合计 TOTAL：USD

开票单位（盖章）　　　　　　　　　　　　开票人：

（四）填报增值税发票挂失/损毁报告表

发票挂失/损毁报告表

纳税人识别号：

纳税人名称：

挂失损毁发票	发票名称	发票代码	份数	发票号码		其中：空白发票		
				起始号码	终止号码	份数	起始号码	终止号码

挂失损毁情况说明	经办人：　　　　　　　　法定代表人(负责人)：　　　　　　　纳税人(签章) 　　　年　月　日　　　　　　　　年　月　日　　　　　　　　年　月　日

挂失声明	

纳税人提供资料	1. 3. 5. 7.	2. 4. 6. 8.

主管税务机关发票管理环节意见：

经办人：　　　　　　　　负责人：　　　　　　　　税务机关(签章)
　　年　月　日　　　　　　　年　月　日　　　　　　　年　月　日

上级税务机关发票管理环节意见：

经办人：　　　　　　　　负责人：　　　　　　　　税务机关(签章)
　　年　月　日　　　　　　　年　月　日　　　　　　　年　月　日

第五章 模拟企业纳税申报实务(一)

一、模拟企业纳税申报实训业务资料

(一) 20××年1~8月累计发生额

序号	项目	金额	备注
1	境内销售额	34 867 617.25	
2	出口销售额	13 300 000.00	
3	销项税额	5 927 494.93	
4	进项税额	5 134 661.13	
5	应纳增值税额	792 833.80	

(二) 20××年9月份有关业务资料

1. 企业将增值税专用发票抵扣联扫描,或键盘录入增值税专用发票抵扣联的主要信息:开票日期、发票代码、发票号码、购销双方的税务登记号、金额、税额和发票上的84位密文转化为电子信息,并打印申报所属月份的《认证结果通知书》和《认证结果清单》。

认证结果通知书

企业名称:金华市婺州酒业股份有限公司(913307001615125672)　No.0000000000000002682053

　　经本局统计,你单位于20××年9月26日至20××年9月28日期间,使用网上认证企业端软件自行发送认证防伪税控专用发票抵扣联。经过认证,认证相符的专用发票10份,合计金额439 522.08元,认证不相符的专用发票1份,金额1 320元。

　　请将认证相符的专用发票抵扣联与本通知一起装订成册,作为纳税检查的备查资料。认证详细情况见本通知所附清单。

金华市国家税务局(本级)
认证专用章

8C2U9JDPPDDHK5X85Z

打印日期:20××年9月28日

本通知一式两联,请妥善保管。

认证结果清单

企业名称:金华市婺州酒业股份有限公司(913307001615125672)　No.0000000000000002682053

　　你单位于20××年9月26日至20××年9月28日期间,发送认证了以下防伪税控进项发票。请将认证通过的专用发票抵扣联与本清单一起装订成册,作为纳税检查的备查资料。

序号	发票代码	发票号码	开票日期	卖方税号	金额	税额	认证结果
1	4501151140	00301422	9.6	91450101659101025	360 000	61 200	认证相符
2	4501634140	01621422	9.6	91450101686251020	205 585.69	22 614.43	认证相符
3	3101151256	01701652	9.8	91310101686256789	870 000	95 700	认证相符
4	3301264140	06301452	9.12	91330101686256789	880 000	96 800	认证相符
5	3301717140	02601422	9.13	91330101686256789	225 225.23	24 774.78	认证相符
6	3301151140	06131422	9.16	91330101686341289	83 224.62	9 154.71	认证相符
7	3301162140	10301542	9.16	91330101686258109	244 731.62	26 920.48	认证相符
8	3301152340	05301522	9.20	91330101686223411	12 000	1 320	认证不符
9	3300103620	08871898	9.25	91330101682154089	210 000	23 100	认证相符
10	3701634163	10811542	9.26	91372201686258109	300 000	51 000	认证相符
11	3307123458	09875558	9.28	91330101686256789	256 888	28 257.68	认证相符
合计					3 647 655.16	440 842.08	—

2. 境内外商品销售情况。

9月份境内商品销售统计表

类别	商品名称	型号	销售数量(箱)	销售金额(元)	备注
白酒	婺州特曲	38度(原浆)	1 820	218 400	
	婺州特曲	45度(原浆)	1 230	319 800	
	婺州特曲	56度(原浆)	1 270	482 600	
	婺州特曲	38度(酱香)	1 981	297 150	
	婺州特曲	45度(酱香)	1 530	459 000	
	婺州特曲	56度(酱香)	1 410	634 550	
其他酒	婺州杨梅果酒	7度	1 052	105 200	
	婺州柑橘果酒	7度	1 030	82 400	
小计				2 599 100	

注：其中2 079 280元开具的是增值税专用发票，519 820元开具的是增值税普通发票。

9月份商品出口统计表

类别	商品名称	型号	出口发票号码	销售数量(升)	销售金额(FOB元)
白酒(原浆)	婺州特曲	45度	00363333	5 000	210 000
	婺州特曲	56度		6 000	360 000
白酒(酱香)	婺州特曲	45度	00363334	7 000	350 000
	婺州特曲	56度		8 000	600 000

3. 非销售商品出库情况。

9月份非销售商品统计表

类别	商品名称	型号	领用数量(箱)	备注
白酒	婺州特曲	38度(原浆)	70	用于集体福利
	婺州特曲	45度(原浆)	70	
	婺州特曲	56度(原浆)	70	
	婺州特曲	38度(酱香)	10	用于展销会品尝
	婺州特曲	45度(酱香)	10	
	婺州特曲	56度(酱香)	10	
其他酒	婺州杨梅果酒	7度	20	用于招待客人
	婺州柑橘果酒	7度	20	

编者注：本公司生产经营商品的平均销售利润率为10%。

4. 企业对原材料库存情况进行清查，原材料清查情况如下表所示。

资产清查报告单

清查对象	原材料(购自一般纳税人)		
清查人员	财务部游钱和行政部刘一海		
清查原因	包装有破损霉烂现象		
清查结果	仓库墙体有裂缝，仓库管理员未及时发现，导致高粱、小麦、谷子霉变。经清查统计，该批材料金额共计45 680元		
处理意见	材料已无法使用，作报废处理，仓库管理员承担10%损失		
清查人签字	游钱、刘一海		
财务部经理	马尚富	总经理	易得财

5. 工资结算表。

9月份工资结算表
20××年9月30日

| 编号 | 姓名 | 应付工资 | 代扣项目 ||||| 实发工资 | 应纳个人所得税额 |
			基本养老险	基本医疗险	失业保险费	住房公积金	合计		
101	王政	8 500	680	170	85	850	1 785	6 715	
102	张芳	7 500	600	150	75	750	1 575	5 925	
103	林冰	5 700	456	114	57	570	1 197	4 503	
104	李好	5 500	440	110	55	550	1 155	4 345	

续表

编号	姓名	应付工资	代扣项目					实发工资	应纳个人所得税额
			基本养老险	基本医疗险	失业保险费	住房公积金	合计		
105	胡平	5 500	440	110	55	550	1 155	4 345	
…	…	…	…	…	…	…	…	…	
201	孙立	5 800	464	116	58	580	1 218	4 582	
202	吴静	5 200	416	104	52	520	1 092	4 108	
…	…	…	…	…	…	…	…	…	
301	黄丽	6 700	536	134	67	670	1 407	5 293	
302	余海	6 300	504	126	63	630	1 323	4 977	
…	…	…	…	…	…	…	…	…	
401	马莉	5 200	416	104	52	520	1 092	4 108	
402	向伟	4 800	384	96	48	480	1 008	3 792	
…	…	…	…	…	…	…	…	…	
合计		728 920.6	58 313.65	14 578.41	7 289.21	72 892.06	153 073.33	575 847.27	

批准：易得财　　审核：马尚富　　部门负责人：马尚富　　制表：卜成功

6. 其他有关情况。

单位：元

项　目	金　额	备　注
上月增值税留抵税额	100 000	
房屋	11 000 000	系原值
土地		1万平方米

利润表

编制单位：金华市婺州酒业股份有限公司　　20××年9月　　单位：元

项　目	本期金额	上期金额
一、营业收入	38 986 717.25	（略）
减：营业成本	25 921 724.09	
营业税金及附加	3 212 416.18	
销售费用	2 108 960.45	
管理费用	4 581 850.23	

续表

项 目	本期金额	上期金额
财务费用	124 910.58	
资产减值损失		
加：公允价值变动收益（损失以"－"号填列）		
投资收益（损失以"－"号填列）		
其中：对联营企业和合营企业的投资收益		
二、营业利润（亏损以"－"号填列）	3 036 855.72	
加：营业外收入	750 000	
减：营业外支出	472 410	
其中：非流动资产处置损失	4 938.22	
三、利润总额（亏损总额以"－"号填列）	3 314 445.72	
减：所得税费用	828 611.43	
四、净利润（净亏损以"－"号填列）	2 485 834.29	
归属于母公司所有者的净利润		
少数股东损益		
五、其他综合收益		
……		
六、综合收益总额		
七、每股收益		
（一）基本每股收益		
（二）稀释每股收益		

企业负责人： 主管会计： 制表： 报出日期：××××年 月 日

二、模拟企业纳税申报业务实训

（一）办理增值税纳税申报

增 值 税 纳 税 申 报 表

（一般纳税人适用）

根据国家税收法律法规及增值税相关规定制定本表。纳税人不论有无销售额,均应按税务机关核定的纳税期限填写本表,并向当地税务机关申报。

税款所属时间：自　年　月　日至　年　月　日　　填表日期：　年　月　日　　金额单位：元至角分

纳税人识别号		所属行业：	
纳税人名称 （公章）	法定代表人姓名	注册地址	生产经营地址
开户银行及账号	登记注册类型		电话号码

项　　目		栏次	一般项目		即征即退项目	
			本月数	本年累计	本月数	本年累计
销售额	（一）按适用税率计税销售额	1				
	其中：应税货物销售额	2				
	应税劳务销售额	3				
	纳税检查调整的销售额	4				
	（二）按简易办法计税销售额	5				
	其中：纳税检查调整的销售额	6				
	（三）免、抵、退办法出口销售额	7				
	（四）免税销售额	8				
	其中：免税货物销售额	9				
	免税劳务销售额	10				
税款计算	销项税额	11				
	进项税额	12				
	上期留抵税额	13				
	进项税额转出	14				
	免、抵、退应退税额	15				
	按适用税率计算的纳税检查应补缴税额	16				
	应抵扣税额合计	17＝12＋13－14－15＋16				
	实际抵扣税额	18（如17＜11,则为17,否则为11）				
	应纳税额	19＝11－18				

续表

项　　目		栏次	一般项目		即征即退项目	
			本月数	本年累计	本月数	本年累计
税款计算	期末留抵税额	20＝17－18				
	简易计税办法计算的应纳税额	21				
	按简易计税办法计算的纳税检查应补缴税额	22				
	应纳税额减征额	23				
	应纳税额合计	24＝19＋21－23				
税款缴纳	期初未缴税额(多缴为负数)	25				
	实收出口开具专用缴款书退税额	26				
	本期已缴税额	27＝28＋29＋30＋31				
	① 分次预缴税额	28				
	② 出口开具专用缴款书预缴税额	29				
	③ 本期缴纳上期应纳税额	30				
	④ 本期缴纳欠缴税额	31				
	期末未缴税额(多缴为负数)	32＝24＋25＋26－27				
	其中：欠缴税额(≥0)	33＝25＋26－27				
	本期应补(退)税额	34＝24－28－29				
	即征即退实际退税额	35				
	期初未缴查补税额	36				
	本期入库查补税额	37				
	期末未缴查补税额	38＝16＋22＋36－37				
授权声明	如果你已委托代理人申报，请填写下列资料： 为代理一切税务事宜，现授权　　　　　　　　(地址)　　　　　　　　　　　　　为本纳税人的代理申报人，任何与本申报表有关的往来文件，都可寄予此人。 　　　　　　　　　　　　　授权人签字：		申报人声明	本纳税申报表是根据国家税收法律法规及相关规定填报的，我确定它是真实的、可靠的、完整的。 　　　　　　　　　　　　　声明人签字：		

主管税务机关：　　　　　　　　　接收人：　　　　　　　　　接收日期：

增值税纳税申报表附列资料（一）
（本期销售情况明细）

税款所属时间：　　年　月　日至　　年　月　日

纳税人名称：（公章）

金额单位：元至角分

项目及栏次			开具增值税专用发票		开具其他发票		未开具发票		纳税检查调整		合计			服务、不动产和无形资产扣除项目本期实际扣除金额	扣除后	
			销售额	销项（应纳）税额	销售额	销项（应纳）税额	销售额	销项（应纳）税额	销售额	销项（应纳）税额	销售额	销项（应纳）税额	价税合计		含税（免税）销售额	销项（应纳）税额
			1	2	3	4	5	6	7	8	9＝1＋3＋5＋7	10＝2＋4＋6＋8	11＝9＋10	12	13＝11－12	14＝13÷(100%＋税率或征收率)×税率或征收率
一、一般计税方法计税	全部征税项目	17%税率的货物及加工修理修配劳务	1													
		17%税率的服务、不动产和无形资产	2													
		13%税率	3													
		11%税率	4													
		6%税率	5													
	其中：即征即退项目	即征即退货物及加工修理修配劳务	6							—	—				—	—
		即征即退服务、不动产和无形资产	7							—	—				—	—
二、简易计税方法计税	全部征税项目	6%征收率	8													
		5%征收率的货物及加工修理修配劳务	9a													
		5%征收率的服务、不动产和无形资产	9b													

续表

项目及栏次			开具增值税专用发票 销售额	开具增值税专用发票 销项(应纳)税额	开具其他发票 销售额	开具其他发票 销项(应纳)税额	未开具发票 销售额	未开具发票 销项(应纳)税额	纳税检查调整 销售额	纳税检查调整 销项(应纳)税额	合计 销售额	合计 销项(应纳)税额	合计 价税合计	服务、不动产和无形资产扣除项目本期实际扣除金额	扣除后 含税(免税)销售额	扣除后 销项(应纳)税额
			1	2	3	4	5	6	7	8	9＝1＋3＋5＋7	10＝2＋4＋6＋8	11＝9＋10	12	13＝11－12	14＝13÷(100%＋税率或征收率)×税率或征收率
二、简易计税方法计税	全部征税项目	4%征收率 10														
		3%征收率的货物及加工修理修配劳务 11														
		3%征收率的服务、不动产和无形资产 12														
		预征率 ％ 13a	—	—	—	—	—	—	—	—	—	—	—			
		预征率 ％ 13b	—	—	—	—	—	—	—	—	—	—	—			
		预征率 ％ 13c	—	—	—	—	—	—	—	—	—	—	—			
	其中：即征即退项目	即征即退货物及加工修理修配劳务 14														
		即征即退服务、不动产和无形资产 15														
三、免抵退税		货物及加工修理修配劳务 16		—		—		—		—		—	—	—	—	—
		服务、不动产和无形资产 17		—		—		—		—		—	—	—	—	—
四、免税		货物及加工修理修配劳务 18		—		—		—		—		—	—	—	—	—
		服务、不动产和无形资产 19		—		—		—		—		—	—	—	—	—

增值税纳税申报表附列资料(二)
(本期进项税额明细)

税款所属时间： 年 月 日至 年 月 日

纳税人名称：(公章)　　　　　　　　　　　　　　　　　　　　金额单位：元至角分

一、申报抵扣的进项税额					
项　目	栏次	份数	金额	税额	
(一)认证相符的增值税专用发票	1=2+3				
其中：本期认证相符且本期申报抵扣	2				
前期认证相符且本期申报抵扣	3				
(二)其他扣税凭证	4=5+6+7+8				
其中：海关进口增值税专用缴款书	5				
农产品收购发票或者销售发票	6				
代扣代缴税收缴款凭证	7		—		
其他	8				
(三)本期用于购建不动产的扣税凭证	9				
(四)本期不动产允许抵扣进项税额	10		—	—	
(五)外贸企业进项税额抵扣证明	11		—	—	
当期申报抵扣进项税额合计	12=1+4−9+10+11				

二、进项税额转出额			
项　目	栏次	税额	
本期进项税额转出额	13=14至23之和		
其中：免税项目用	14		
集体福利、个人消费	15		
非正常损失	16		
简易计税方法征税项目用	17		
免抵退税办法不得抵扣的进项税额	18		
纳税检查调减进项税额	19		
红字专用发票信息表注明的进项税额	20		
上期留抵税额抵减欠税	21		
上期留抵税额退税	22		
其他应作进项税额转出的情形	23		

续表

三、待抵扣进项税额					
项　　目	栏次	份数	金额	税额	
（一）认证相符的增值税专用发票	24		—	—
期初已认证相符但未申报抵扣	25			
本期认证相符且本期未申报抵扣	26			
期末已认证相符但未申报抵扣	27			
其中：按照税法规定不允许抵扣	28			
（二）其他扣税凭证	29＝30至33之和			
其中：海关进口增值税专用缴款书	30			
农产品收购发票或者销售发票	31			
代扣代缴税收缴款凭证	32		—	
其他	33			
	34			

四、其他				
项　　目	栏次	份数	金额	税额
本期认证相符的增值税专用发票	35			
代扣代缴税额	36	—	—	

(二)办理消费税纳税申报

酒类应税消费品消费税纳税申报表

税款所属期：　　年　月　日至　　年　月　日
纳税人名称(公章)：　　　　　　　　　　　　　纳税人识别号：
填表日期：　　年　月　日　　　　　　　　　　金额单位：元(列至角分)

项目	适用税率		销售数量	销售额	应纳税额
	定额税率	比例税率			
粮食白酒	0.5元/斤	20%			
薯类白酒	0.5元/斤	20%			
啤酒	250元/吨	—			
啤酒	220元/吨	—			
黄酒	240元/吨	—			
其他酒	—	10%			
合计	—	—	—	—	—

本期准予抵减税额：	声明：此纳税申报表是根据国家税收法律的规定填报的，我确定它是真实的、可靠的、完整的。
本期减(免)税额：	经办人(签章)： 财务负责人(签章)：
期初未缴税额：	联系电话：
本期缴纳前期应纳税额：	
本期预缴税额：	(如果你已委托代理人申报，请填写) 授权声明 为代理一切税务事宜，现授权：　　　为本纳税人的代理申报人，任何与本申报表有关的往来文件，都可寄予此人。 授权人签章：
本期应补(退)税额：	
期末未缴税额：	

受理人(签章)：　　　受理日期：　　年　月　日　　受理税务机关(章)：

(三) 办理城市维护建设税、教育费附加和地方教育费附加纳税申报

浙江省地方税(费)纳税综合申报表

填报日期　　年　月　日

纳税人全称			地税编号		注册类型		财务负责人	
营业地址			开户银行		银行账号		电话号码	
税(费)种	所属期限	应税收入	计税依据	免税收入	税(费)率	应纳税(费)额	已纳税额	应补(退)税额
合计	—		—		—			
纳税人声明	本单位(公司、个人)所申报的各种税费款真实、准确,如有虚假内容,愿承担法律责任。法人代表(业主)签名:　　　年　月　日		我(公司)现授权本纳税人的代理申报人,其法人代表电话＿＿＿任何与申报有关的往来的文件,都可寄此代理机构。委托代理合同号码:授权人(法人代表、业主)签名:　　　年　月　日			本纳税申报表是按照国家税法和税务机关规定填报,我确信其真实、合法。代理人(法人代表)签名:经办人签名:(代理人盖章)　　　年　月　日		备注
税务机关填写	受理申报日期:　年　月　日 受理人签名:					录入日期:　年　月　日 录入员签名:			

企业(业主)财务负责人或税务代理人签名:　　企业(业主)会计主管或税务代理主管签名:　　填表人签名:

(四）办理增值税出口退税申报

免抵退税申报资料情况表

纳税人名称		纳税人识别号	
海关企业代码		所属期	
免抵退税出口申报情况			
一、申报报表			
企业出口货物免、抵、退税申报明细表(当期出口　份,记录　条)			
企业出口货物免、抵、退税申报明细表(前期出口　份,记录　条)			
零税率应税服务(国际运输)免抵退税申报明细表(　份,记录　条)			
零税率应税服务(研发、设计服务)免抵退税申报明细表(　份,记录　条)			
向境外单位提供研发、设计服务收讫营业款明细清单(　份,记录　条)			
免抵退税申报汇总表(　份)			
二、凭证资料			
1. 出口货物：			
出口发票　张,出口额　　　美元			
出口货物报关单　张			
代理出口货物证明　张			
出口收汇核销单　张,远期收汇证明　张			
其他凭证　张			
2. 零税率应税服务：			
技术出口合同登记证　张,研发(设计)合同　份			
研发(设计)服务发票　份,研发(设计)服务收款凭证　份			
出口企业进料加工申报情况			
生产企业进料加工进口料件申报明细表　份,记录　条			
生产企业进料加工登记申报表　份,记录　条			
生产企业进料加工手册登记核销申请表　份,记录　条			
生产企业进料加工复出口货物扣除保税进口料件申请表　份,记录　条			
生产企业出口货物扣除国内免税原材料申请表　份,记录　条			
进料加工进口额美元			
进口货物报关单　张			
代理进口货物报关单　张			
实收已退税额情况			
本月实收已退税额　　　元,本年累计实收已退税额　　　元			
经办人		财务负责人	
法定代表人(负责人)		申报日期	

免抵退税申报汇总表

纳税人识别号	
纳税人名称	
海关企业代码	
所属期	

	项 目	栏次	当期 (a)	本年累计 (b)	与增值税纳税申报表差额 (c)
一、出口额	当期免抵退出口货物劳务销售额(美元)	1			—
	其中：免抵退出口货物销售额(美元)	2			
	应税服务免抵退税营业额(美元)	3			—
	免抵退出口货物劳务销售额	4			
	支付给非试点纳税人营业价款	5			—
	免抵退出口货物劳务计税金额	6＝4－5＝7＋8＋9＋10			
	其中：单证不齐或信息不齐出口货物销售额	7			
	单证信息齐全出口货物销售额	8			
	当期单证齐全应税服务免抵退税计税金额	9			
	当期单证不齐应税服务免抵退税计税金额	10			
	前期出口货物单证信息齐全销售额	11			
	前期应税服务单证齐全免抵退税计税金额	12			
	全部单证信息齐全出口货物销售额	13＝8＋11			
	全部单证齐全应税服务免抵退税计税金额	14＝9＋12			
	免税出口货物劳务销售额(美元)	15			
	免税出口货物劳务销售额	16			
	全部退(免)税出口货物劳务销售额(美元)	17＝1＋15			
	全部退(免)税出口货物劳务销售额	18			
	不予退(免)税出口货物劳务销售额	19			
二、不得免征和抵扣税额的计算	出口销售额乘征退税率之差	20＝21＋22			—
	其中：出口货物销售额乘征退税率之差	21		—	
	应税服务免抵退计税金额乘征退税率之差	22			
	上期结转免抵退税不得免征和抵扣税额抵减额	23			
	免抵退税不得免征和抵扣税额抵减额	24		—	—
	免抵退税不得免征和抵扣税	25(如20＞23＋24，则为20－23－24，否则为0)			
	结转下期免抵退税不得免征和抵扣税额抵减额	26＝23＋24－20＋25			

续表

项　目			栏次	当期 (a)	本年累计 (b)	与增值税纳税申报表差额 (c)
三、应退税额和免抵税额的计算	免抵退税计税金额乘退税率		27＝28＋29			—
^^	其中：出口货物销售额乘退税率		28		—	—
^^	应税服务免抵退税计税金额乘退税率		29		—	—
^^	上期结转免抵退税抵减额		30		—	—
^^	免抵退税额抵减额		31		—	—
^^	免抵退税额		32（如27＞30＋31，则为27－31－31，否则为0）		—	—
^^	结转下期免抵退税额抵减额		33＝30＋31－27＋32		—	—
^^	增值税纳税申报表期末留抵税额		34		—	
^^	计算退税的期末留抵税额		35＝34－25c		—	
^^	当期应退税额		36＝（如32＞35，则为35，否则为32）			
^^	当期免抵税额		37＝32－36			
^^	出口企业			主管税务机关		
办税人			受理人			
财务负责人			受理税务机关			
法定代表（负责人）			受理日期			
申报日期						

免抵退税申报汇总表附表

海关企业代码			纳税人名称	
纳税人识别号			所属年月	

项　　目		栏次	上年 (a)	本年 (b)
一、出口额	免抵退出口货物劳务销售额(美元)	1＝2＋3		
	其中：免抵退出口货物销售额(美元)	2		
	应税服务免抵退税营业额(美元)	3		
	免抵退出口货物劳务销售额	4		
	支付给非试点纳税人营业价款	5		
	免抵退出口货物劳务计税金额	6＝4－5＝7＋8＋9＋10		
	其中：单证不齐或信息不齐出口货物销售额	7		
	单证信息齐全出口货物销售额	8		
	当期单证齐全应税服务免抵退税计税金额	9		
	当期单证不齐应税服务免抵退税计税金额	10		
	前期出口货物单证信息齐全销售额	11		
	前期应税服务单证齐全免抵退税计税金额	12		
	全部单证信息齐全出口货物销售额	13＝8＋11		
	全部单证齐全应税服务免抵退税计税金额	14＝9＋12		
	免税出口货物劳务销售额(美元)	15		
	免税出口货物劳务销售额	16		
	全部退(免)税出口货物劳务销售额(美元)	17＝1＋15		
	全部退(免)税出口货物劳务销售额	18		
	不予退(免)税出口货物劳务销售额	19		
二、不得免征和抵扣税额	出口销售额乘征退税率之差	20＝21＋22		
	其中：出口货物销售额乘征退税率之差	21		
	应税服务免抵退税计税金额乘征退税率之差	22		

续表

项 目		栏次	上年 (a)	本年 (b)
二、不得免征和抵扣税额	上期结转免抵退税不得免征和抵扣税额抵减额	23		
	免抵退税不得免征和抵扣税额抵减额	24		
	免抵退税不得免征和抵扣税额	25（如 20＞23＋24 则为 20－23－24，否则为 0）		
	结转下期免抵退税不得免征和抵扣税额抵减额	26＝23＋24－20＋25		
三、应退税额和免抵税额	免抵退税计税金额乘退税率	27＝28＋29		
	其中：出口货物销售额乘退税率	28		
	应税服务免抵退税计税金额乘退税率	29		
	上期结转免抵退税额抵减额	30		
	免抵退税额抵减额	31		
	免抵退税额	32（如 27＞30＋31 则为 27－30－31，否则为 0）		
	结转下期免抵退税额抵减额	33＝30＋31－27＋32		
	增值税纳税申报表期末留抵税额	34		
	计算退税的期末留抵税额	35＝34－25c		
	当期应退税额	36＝（如 32＞35 则为 35，否则为 32）		
	当期免抵税额	37＝32－36		
出口企业申明：		授权人申明：		主管税务机关：
办税人		授权人	经办人	
财务负责人			复核人	
法定代表人（负责人）			负责人	
申报日期		申报日期	受理日期	

生产企业出口货物免、抵、退税申报明细表

海关企业代码:
纳税人名称:(公章)
( )当期出口 ( )前期出口
所属期:　　年　　月
纳税人识别号:

金额单位:元(列至角分)

序号	出口发票号	出口货物报关单号	出口日期	代理出口货物证明号	出口收汇核销单号	出口商品代码	出口商品名称	计量单位	出口数量	出口销售额 美元	出口销售额 人民币	申报商品代码	征税率	退税率	出口销售额乘征退税率之差	出口销售额乘退税率	进料加工手(账)册号	原申报年月序号	单证不齐标志	业务类型	备注
1	2	3	4	5	6	7	8	9	10	11	12	13	14	15	16=12×(14−15)	17=12×15	18	19	20	21	22
小计																					

单证信息齐全出口货物人民币销售额:
出口企业
兹声明以上申报无讹并愿意承担一切法律责任。

经办人:
财务负责人:
法定代表人(负责人):

主管税务机关

经办人:　　　　　(公章)
　　　　　　　　　年　月　日

（五）办理企业房产税、城镇土地使用税、车船税和个人所得税纳税申报

应纳房产税、城镇土地使用税和车船税计算表

税种		计税依据	税率或单位税额	应纳税额
房产税				
城镇土地使用税				
车船税	载货汽车			
	2.0升乘用车			
	2.5升乘用车			
	3.0升乘用车			

扣缴个人所得税报告表

税款所属期：　　年　月　日至　　年　月　日

扣缴义务人名称：　　　　　　　　扣缴务人所属行业：□一般行业　□特定行业月份申报

扣缴义务人编码：□□□□□□□□□□□□□□□　　　金额单位：人民币元（列至角分）

序号	姓名	身份证号码	工薪收入	税前扣除项目					减除费用	应纳税所得额	税率	速算扣除数	应纳税额
				基本养老保险费	基本医疗保险费	失业保险费	住房公积金	其他	合计					
1														
2														
3														
4														
5														
6														
7														
8														
9														
10														
11														
12														
合　计														

谨声明：此扣缴报告表是根据《中华人民共和国个人所得税法》及其实施条例和国家有关税收法律法规规定填写，是真实的、完整的、可靠的。

法定代表人（负责人）签字：　　　　　　　　　　　　年　月　日

扣缴义务人公章： 经办人：	代理机构（人）签章： 经办人： 经办人执业证件号码：	主管税务机关受理专用章： 受理人：
填表日期：　年　月　日	代理申报日期：　年　月　日	受理日期：　年　月　日

（六）模拟企业所得税按季纳税申报

企业所得税月（季）度预缴纳税申报表（A类）

税款所属期间： 年 月 日至 年 月 日

纳税人识别号：□□□□□□□□□□□□□□□

纳税人名称： 金额单位：人民币元（列至角分）

行次	项 目	本期金额	累计金额
1	**一、按照实际利润额预缴**		
2	营业收入		
3	营业成本		
4	利润总额		
5	加：特定业务计算的应纳税所得额		
6	减：不征税收入和税基减免应纳税所得额（请填附表1）		
7	固定资产加速折旧（扣除）调减额（请填附表2）		
8	弥补以前年度亏损		
9	实际利润额（4行＋5行－6行－7行－8行）		
10	税率(25%)		
11	应纳所得税额（9行×10行）		
12	减：减免所得税额（请填附表3）		
13	实际已预缴所得税额	—	
14	特定业务预缴（征）所得税额		
15	应补（退）所得税额（11行－12行－13行－14行）	—	
16	减：以前年度多缴在本期抵缴所得税额		
17	本月（季）实际应补（退）所得税额	—	
18	**二、按照上一纳税年度应纳税所得额平均额预缴**		
19	上一纳税年度应纳税所得额	—	
20	本月（季）应纳税所得额（19行×1/4或1/12）		
21	税率(25%)		
22	本月（季）应纳税所得额（20行×21行）		
23	减：减免所得税额（请填附表3）		
24	本月（季）实际应纳所得税额（22行－23行）		
25	**三、按照税务机关确定的其他方法预缴**		
26	本月（季）税务机关确定的预缴所得税额		

是否属于小型微利企业： 是 □ 否 □

谨声明：此纳税申报表是根据《中华人民共和国企业所得税法》、《中华人民共和国企业所得税法实施条例》和国家有关税收规定填报的，是真实的、可靠的、完整的。

法定代表人（签字）： 年 月 日

纳税人公章： 会计主管：	代理申报中介机构公章： 经办人： 经办人执业证件号码：	主管税务机关受理专用章： 受理人：
填表日期： 年 月 日	代理申报日期： 年 月 日	受理日期： 年 月 日

第六章 模拟企业纳税申报实务(二)

一、模拟企业所得税汇算清缴实训业务资料

资产负债表

编制单位：金华市婺州酒业股份有限公司　　　　××××年12月31日　　　　单位：元

资产	年初余额（略）	期末余额	负债和所有者权益（或股东权益）	年初余额（略）	期末余额
流动资产			流动负债		
货币资金		3 280 056.44	短期借款		10 000 000.00
交易性金融资产			交易性金融负债		
应收票据		796 814.28	应付票据		1 694 545.20
应收账款		3 653 799.28	应付账款		4 847 730.90
预付款项			预收款项		
应收利息			应付职工薪酬		728 920.60
应收股利			应交税费		1 301 762.26
其他应收款		421 074.1	应付利息		
存货		10 882 042.84	应付股利		
其中：消耗性生物资产			其他应付款		334 285.84
一年内到期的非流动资产			一年内到期的非流动负债		
其他流动资产			其他流动负债		
流动资产合计		19 033 786.94	流动负债合计		18 907 244.80
非流动资产			非流动负债		
可供出售金融资产			长期借款		3 000 000.00
持有至到期投资			应付债券		
长期应收款			长期应付款		
长期股权投资		2 160 000	专项应付款		
投资性房地产			预计负债		
固定资产		12 834 120	递延所得税负债		
在建工程		1 331 451.08	其他非流动负债		
工程物资		24 000.84	非流动负债合计		3 000 000.00

续表

资产	年初余额（略）	期末余额	负债和所有者权益（或股东权益）	年初余额（略）	期末余额
固定资产清理			负债合计		21 907 244.80
生产性生物资产			所有者权益（或股东权益）		
油气资产			实收资本（或股本）		12 000 000.00
无形资产		988 057.6	资本公积		
开发支出			盈余公积		
长期待摊费用		212 774.06	未分配利润		2 676 945.72
递延所得税资产			少数股东权益		
其他非流动资产			归属母公司所有者权益（或股东权益）		
非流动资产合计		17 550 403.58	所有者权益（或股东权益）合计		14 676 945.72
资产总计		36 584 190.52	负债和所有者权益（或股东权益）总计		36 584 190.52

企业负责人：　　　主管会计：　　　制表：　　　报出日期：20××年12月31日

利润表

编制单位：金华市婺州酒业股份有限公司　　20××年度　　　　　　　单位：元

项　　目	本期金额	上期金额
一、营业收入	51 982 289.66	（略）
减：营业成本	33 185 282.28	
营业税金及附加	4 283 221.58	
销售费用	2 811 947.26	
管理费用	6 109 133.64	
财务费用	166 547.44	
资产减值损失	377 016.50	
加：公允价值变动收益（损失以"－"号填列）	0	
投资收益（损失以"－"号填列）	150 000.00	
其中：对联营企业和合营企业的投资收益	0	
二、营业利润（亏损以"－"号填列）	5 199 140.96	
加：营业外收入	458 333.33	
减：营业外支出	629 880.00	
其中：非流动资产处置损失		

续表

项　目	本期金额	上期金额
三、利润总额（亏损总额以"－"号填列）	5 027 594.29	
减：所得税费用	1 253 612.426	
四、净利润（净亏损以"－"号填列）	3 760 837.28	
归属于母公司所有者的净利润	0	
少数股东损益	0	
五、其他综合收益	0	
……	0	
六、综合收益总额	0	
七、每股收益	0	
（一）基本每股收益	0.003 912	
（二）稀释每股收益	0.003 912	

企业负责人：　　　　主管会计：　　　　制表：　　　　报出日期：××××年　　月　　日

长期股权投资收益明细表

单位：元

投资项目	长期股权投资金额	投资收益	备注（成本法核算）
投资A企业（非上市公司）	2 160 000.00	150 000.00	占股25%，10月23日A企业公布利润分配决定
合计	2 160 000.00	150 000.00	

收入成本费用明细表

项　目	金　额	备　注
一、营业收入合计	51 982 289.66	
1. 主营业务收入	50 482 289.66	
2. 其他业务收入	1 500 000.00	专利技术转让符合企业所得税优惠政策规定
二、营业成本合计	33 185 282.28	
1. 销售货物成本	32 685 282.28	
2. 其他业务成本	500 000.00	专利技术转让成本费用
三、期间费用合计		
1. 销售费用	2 811 947.26	
其中：工资薪金	342 510.00	
福利费	32 670.66	
住房公积金	34 251.00	
社保基金	47 951.40	

续表

项　　目	金　　额	备　　注
广告宣传费	2 100 000.00	电视广告
通讯费	91 400.25	
差旅费	163 163.95	
2. 管理费用	6 109 133.64	
其中：工资薪金	3 281 604.16	其中残疾人员工资90 000元
福利费	139 820.58	
住房公积金	328 160.42	
社保基金	492 240.64	
折旧费	123 932.55	
财产保险费	55 663.81	
职工教育经费	18 600.00	
工会经费	65 632.08	
费用性研发支出	1 000 000.00	
业务招待费	199 830.35	
通讯费	115 983.29	
差旅费	287 665.76	
3. 财务费用	166 547.44	
其中：利息	164 800.00	5月向工行借款300万元，年利率6％；向B企业（非金融非关联企业）借款56万元，年利率8％

坏账准备金明细表

项目	期初坏账准备金额	本期确认坏账损失	本期计提坏账准备金	本期冲回坏账准备金	期末坏账准备金额
应收票据	399 287.39		40 553.32		439 840.71
应收账款	13 759.74		318 930.22		332 689.96
其他应收款	3 520.71		17 533		21 053.71
合计	416 567.84	0.00	377 016.5	0.00	793 584.38

营业外收支明细表

项目	项目明细	实际收支金额	备注
营业外收入	财政拨款——创新引导资金	458 333.33	符合不征税收入三个条件
营业外支出	工商罚款	60 000.00	
	税收滞纳金	13 380.00	

续表

项目	项目明细	实际收支金额	备注
营业外支出	合同违约金	86 500.00	
	通过红十字会向灾区捐赠现金	350 000.00	
	通过C企业向贫困地区捐赠现金	120 000.00	
合 计		370 120.00	

固定资产明细表

单位：万元

名称	电子设备	房屋	运输设备	节能设备	器具设备	合计
使用资金	创新引导资金	自有资金	自有资金	自有资金	自有资金	
购置日期	20××年1月5日	4年前	上年12月	20××年10月3日	2年前	
原值	100	1 100	100	150	148.412	1 598.412
折旧年限	2年	20年	5年	5年	5年	
累计折旧	45.83	200	20	5	70	315
备注	已报税务机关做加速折旧处理		10吨载货汽车1辆,2.0升、2.5升、3.0升各1辆	节能发电机1台 发票代码：3300101054 发票号码：08992854		

非销售商品领用统计表

类别	商品名称	型号	领用数量(箱)	备注
白酒	婺州特曲	38度(原浆)	70	用于集体福利
	婺州特曲	45度(原浆)	70	
	婺州特曲	56度(原浆)	70	
	婺州特曲	38度(酱香)	10	用于展销会品尝
	婺州特曲	45度(酱香)	10	
	婺州特曲	56度(酱香)	10	
	婺州特曲	56度(原浆)	10	用于招待客人
	婺州特曲	56度(酱香)	10	
其他酒	婺州杨梅果酒	7度	50	
	婺州柑橘果酒	7度	50	

注：销售利润率为10%。

二、模拟企业所得税汇算清缴实训

中华人民共和国企业所得税年度纳税申报表
(A)类

税款所属期间： 20××年1月1日至20××年12月31日

纳税人识别号：913307001615125672

纳税人名称：金华市婺州酒业股份有限公司

金额单位：人民币元(列至角分)

谨声明：此纳税申报表是根据《中华人民共和国企业所得税法》、《中华人民共和国企业所得税法实施条例》、有关税收政策以及国家统一会计制度的规定填报的，是真实的、可靠的、完整的。

法定代表人(签章)：　　　年　月　日

纳税人公章： 会计主管： 填表日期：　年　月　日	代理申报中介机构公章： 经办人： 经办人执业证件号码： 代理申报日期：　年　月　日	主管税务机关受理专用章： 受理人： 受理日期：　年　月　日

国家税务总局监制

企业所得税年度纳税申报表填报表单

表单编号	表单名称	选择填报情况	
		填报	不填报
A000000	企业基础信息表	√	×
A100000	中华人民共和国企业所得税年度纳税申报表（A类）	√	×
A101010	一般企业收入明细表	□	□
A101020	金融企业收入明细表	□	□
A102010	一般企业成本支出明细表	□	□
A102020	金融企业支出明细表	□	□
A103000	事业单位、民间非营利组织收入、支出明细表	□	□
A104000	期间费用明细表	□	□
A105000	纳税调整项目明细表	□	□
A105010	视同销售和房地产开发企业特定业务纳税调整明细表	□	□
A105020	未按权责发生制确认收入纳税调整明细表	□	□
A105030	投资收益纳税调整明细表	□	□
A105040	专项用途财政性资金纳税调整明细表	□	□
A105050	职工薪酬支出及纳税调整明细表	□	□
A105060	广告费和业务宣传费跨年度纳税调整明细表	□	□
A105070	捐赠支出及纳税调整明细表	□	□
A105080	资产折旧、摊销及纳税调整明细表	□	□
A105090	资产损失税前扣除及纳税调整明细表	□	□
A105100	企业重组及递延纳税事项纳税调整明细表	□	□
A105110	政策性搬迁纳税调整明细表	□	□
A105120	特殊行业准备金及纳税调整明细表	□	□
A106000	企业所得税弥补亏损明细表	□	□
A107010	免税、减计收入及加计扣除优惠明细表	□	□
A107011	符合条件的居民企业之间的股息、红利等权益性投资收益优惠明细表	□	□
A107012	研发费用加计扣除优惠明细表	□	□

续表

表单编号	表单名称	选择填报情况	
		填报	不填报
A107020	所得减免优惠明细表	☐	☐
A107030	抵扣应纳税所得额明细表	☐	☐
A107040	减免所得税优惠明细表	☐	☐
A107041	高新技术企业优惠情况及明细表	☐	☐
A107042	软件、集成电路企业优惠情况及明细表	☐	☐
A107050	税额抵免优惠明细表	☐	☐
A108000	境外所得税收抵免明细表	☐	☐
A108010	境外所得纳税调整后所得明细表	☐	☐
A108020	境外分支机构弥补亏损明细表	☐	☐
A108030	跨年度结转抵免境外所得税明细表	☐	☐
A109000	跨地区经营汇总纳税企业年度分摊企业所得税明细表	☐	☐
A109010	企业所得税汇总纳税分支机构所得税分配表	☐	☐

说明：企业应当根据实际情况选择需要填报的表单。

A000000

企业基础信息表

100 基本信息				
101 汇总纳税企业	□总机构(跨省)——适用《跨地区经营汇总纳税企业所得税征收管理办法》 □总机构(跨省)——不适用《跨地区经营汇总纳税企业所得税征收管理办法》 □总机构(省内) □分支机构(须进行完整年度纳税申报且按比例纳税)——就地缴纳比例＝　　％ □分支机构(须进行完整年度纳税申报但不就地缴纳) □否			
102 所属行业明细代码		103 资产总额(万元)		
104 从业人数		105 国家限制或禁止行业	□是	□否
106 非营利组织	□是　　□否	107 存在境外关联交易	□是	□否
108 上市公司	是(□境内　□境外)□否	109 从事股权投资业务	□是	□否
110 适用的会计准则或会计制度	企业会计准则(□一般企业　　□银行　　□证券　　□保险　　□担保) □小企业会计准则 □企业会计制度 事业单位会计准则(□事业单位会计制度　　□科学事业单位会计制度 　　　　　　　　　　□医院会计制度　　　　□高等学校会计制度 　　　　　　　　　　□中小学校会计制度　　□彩票机构会计制度) □民间非营利组织会计制度 □村集体经济组织会计制度 □农民专业合作社财务会计制度(试行) □其他			
200 企业重组及递延纳税事项				
201 发生资产(股权)划转特殊性税务处理事项		□是		□否
202 发生非货币性资产投资递延纳税事项		□是		□否
203 发生技术入股递延纳税事项		□是		□否
204 发生企业重组事项		是(□一般性税务处理　□特殊性税务处理)　□否		
204-1 重组开始时间	年　月　日	204-2 重组完成时间		年　月　日
204-3 重组交易类型	□法律形式改变	□债务重组	□股权收购　□资产收购　□合并　□分立	
204-4 企业在重组业务中所属当事方类型	*	□债务人 □债权人	□收购方 □转让方 □被收购企业	□收购方 □转让方	□合并企业 □被合并企业 □被合并企业股东	□分立企业 □被分立企业 □被分立企业股东

（表格204-4跨6列，上方单元格合并）

300 企业主要股东及分红情况					
股东名称	证件种类	证件号码	投资比例	当年(决议日)分配的股息、红利等权益性投资收益金额	国籍 (注册地址)
其余股东合计	——				——

A100000

中华人民共和国企业所得税年度纳税申报表(A类)

行次	类别	项　目	金额
1	利润总额计算	一、营业收入(填写A101010\101020\103000)	
2		减:营业成本(填写A102010\102020\103000)	
3		减:税金及附加	
4		减:销售费用(填写A104000)	
5		减:管理费用(填写A104000)	
6		减:财务费用(填写A104000)	
7		减:资产减值损失	
8		加:公允价值变动收益	
9		加:投资收益	
10		二、营业利润(1-2-3-4-5-6-7+8+9)	
11		加:营业外收入(填写A101010\101020\103000)	
12		减:营业外支出(填写A102010\102020\103000)	
13		三、利润总额(10+11-12)	
14	应纳税所得额计算	减:境外所得(填写A108010)	
15		加:纳税调整增加额(填写A105000)	
16		减:纳税调整减少额(填写A105000)	
17		减:免税、减计收入及加计扣除(填写A107010)	
18		加:境外应税所得抵减境内亏损(填写A108000)	
19		四、纳税调整后所得(13-14+15-16-17+18)	
20		减:所得减免(填写A107020)	
21		减:弥补以前年度亏损(填写A106000)	
22		减:抵扣应纳税所得额(填写A107030)	
23		五、应纳税所得额(19-20-21-22)	
24	应纳税额计算	税率(25%)	
25		六、应纳所得税额(23×24)	
26		减:减免所得税额(填写A107040)	
27		减:抵免所得税额(填写A107050)	
28		七、应纳税额(25-26-27)	
29		加:境外所得应纳所得税额(填写A108000)	
30		减:境外所得抵免所得税额(填写A108000)	
31		八、实际应纳所得税额(28+29-30)	
32		减:本年累计实际已缴纳的所得税额	
33		九、本年应补(退)所得税额(31-32)	
34		其中:总机构分摊本年应补(退)所得税额(填写A109000)	
35		财政集中分配本年应补(退)所得税额(填写A109000)	
36		总机构主体生产经营部门分摊本年应补(退)所得税额(填写A109000)	

A101010

一般企业收入明细表

行次	项　目	金额
1	一、营业收入(2＋9)	
2	（一）主营业务收入(3＋5＋6＋7＋8)	
3	1.销售商品收入	
4	其中：非货币性资产交换收入	
5	2.提供劳务收入	
6	3.建造合同收入	
7	4.让渡资产使用权收入	
8	5.其他	
9	（二）其他业务收入(10＋12＋13＋14＋15)	
10	1.销售材料收入	
11	其中：非货币性资产交换收入	
12	2.出租固定资产收入	
13	3.出租无形资产收入	
14	4.出租包装物和商品收入	
15	5.其他	
16	二、营业外收入(17＋18＋19＋20＋21＋22＋23＋24＋25＋26)	
17	（一）非流动资产处置利得	
18	（二）非货币性资产交换利得	
19	（三）债务重组利得	
20	（四）政府补助利得	
21	（五）盘盈利得	
22	（六）捐赠利得	
23	（七）罚没利得	
24	（八）确实无法偿付的应付款项	
25	（九）汇兑收益	
26	（十）其他	

A102010

一般企业成本支出明细表

行次	项目	金额
1	一、营业成本(2+9)	
2	（一）主营业务成本(3+5+6+7+8)	
3	1.销售商品成本	
4	其中：非货币性资产交换成本	
5	2.提供劳务成本	
6	3.建造合同成本	
7	4.让渡资产使用权成本	
8	5.其他	
9	（二）其他业务成本(10+12+13+14+15)	
10	1.材料销售成本	
11	其中：非货币性资产交换成本	
12	2.出租固定资产成本	
13	3.出租无形资产成本	
14	4.包装物出租成本	
15	5.其他	
16	二、营业外支出(17+18+19+20+21+22+23+24+25+26)	
17	（一）非流动资产处置损失	
18	（二）非货币性资产交换损失	
19	（三）债务重组损失	
20	（四）非常损失	
21	（五）捐赠支出	
22	（六）赞助支出	
23	（七）罚没支出	
24	（八）坏账损失	
25	（九）无法收回的债券股权投资损失	
26	（十）其他	

A104000

期间费用明细表

行次	项　目	销售费用	其中:境外支付	管理费用	其中:境外支付	财务费用	其中:境外支付
		1	2	3	4	5	6
1	一、职工薪酬		*		*	*	*
2	二、劳务费					*	*
3	三、咨询顾问费					*	*
4	四、业务招待费		*		*	*	*
5	五、广告费和业务宣传费		*		*	*	*
6	六、佣金和手续费						
7	七、资产折旧摊销费		*		*	*	*
8	八、财产损耗、盘亏及毁损损失		*		*	*	*
9	九、办公费		*		*	*	*
10	十、董事会费		*		*	*	*
11	十一、租赁费					*	*
12	十二、诉讼费		*		*	*	*
13	十三、差旅费		*		*	*	*
14	十四、保险费		*		*	*	*
15	十五、运输、仓储费					*	*
16	十六、修理费					*	*
17	十七、包装费		*		*	*	*
18	十八、技术转让费					*	*
19	十九、研究费用					*	*
20	二十、各项税费		*		*	*	*
21	二十一、利息收支	*	*	*	*		
22	二十二、汇兑差额	*	*	*	*		
23	二十三、现金折扣	*		*			*
24	二十四、党组织工作经费	*	*	*	*	*	*
25	二十五、其他						
26	合计(1+2+3+…+25)						

A105000

纳税调整项目明细表

行次	项　目	账载金额 1	税收金额 2	调增金额 3	调减金额 4
1	一、收入类调整项目(2+3+…+8+10+11)	*	*		
2	（一）视同销售收入（填写 A105010）	*			*
3	（二）未按权责发生制原则确认的收入（填写 A105020）				
4	（三）投资收益（填写 A105030）				
5	（四）按权益法核算长期股权投资对初始投资成本调整确认收益	*	*	*	
6	（五）交易性金融资产初始投资调整	*	*		*
7	（六）公允价值变动净损益				
8	（七）不征税收入			*	*
9	其中：专项用途财政性资金（填写 A105040）			*	*
10	（八）销售折扣、折让和退回				
11	（九）其他				
12	二、扣除类调整项目(13+14+…+24+26+27+28+29+30)	*	*		
13	（一）视同销售成本（填写 A105010）	*		*	
14	（二）职工薪酬（填写 A105050）				
15	（三）业务招待费支出				*
16	（四）广告费和业务宣传费支出（填写 A105060）	*	*		
17	（五）捐赠支出（填写 A105070）				
18	（六）利息支出				
19	（七）罚金、罚款和被没收财物的损失		*		*
20	（八）税收滞纳金、加收利息		*		*
21	（九）赞助支出		*		*
22	（十）与未实现融资收益相关在当期确认的财务费用				
23	（十一）佣金和手续费支出				*
24	（十二）不征税收入用于支出所形成的费用	*	*	*	*
25	其中：专项用途财政性资金用于支出所形成的费用（填写 A105040）	*	*	*	*
26	（十三）跨期扣除项目				
27	（十四）与取得收入无关的支出		*		*
28	（十五）境外所得分摊的共同支出	*	*		*
29	（十六）党组织工作经费				
30	（十七）其他				
31	三、资产类调整项目(32+33+34+35)	*	*		
32	（一）资产折旧、摊销（填写 A105080）				
33	（二）资产减值准备金		*		
34	（三）资产损失（填写 A105090）				
35	（四）其他				
36	四、特殊事项调整项目(37+38+…+42)	*	*		
37	（一）企业重组及递延纳税事项（填写 A105100）				
38	（二）政策性搬迁（填写 A105110）	*	*		
39	（三）特殊行业准备金（填写 A105120）				
40	（四）房地产开发企业特定业务计算的纳税调整额（填写 A105010）	*			
41	（五）有限合伙企业法人合伙方应分得的应纳税所得额				
42	（六）其他	*	*		
43	五、特别纳税调整应税所得	*	*		
44	六、其他	*	*		
45	合计(1+12+31+36+43+44)	*	*		

A105010

视同销售和房地产开发企业特定业务纳税调整明细表

行次	项　　目	税收金额	纳税调整金额
		1	2
1	一、视同销售(营业)收入(2+3+4+5+6+7+8+9+10)		
2	(一)非货币性资产交换视同销售收入		
3	(二)用于市场推广或销售视同销售收入		
4	(三)用于交际应酬视同销售收入		
5	(四)用于职工奖励或福利视同销售收入		
6	(五)用于股息分配视同销售收入		
7	(六)用于对外捐赠视同销售收入		
8	(七)用于对外投资项目视同销售收入		
9	(八)提供劳务视同销售收入		
10	(九)其他		
11	二、视同销售(营业)成本(12+13+14+15+16+17+18+19+20)		
12	(一)非货币性资产交换视同销售成本		
13	(二)用于市场推广或销售视同销售成本		
14	(三)用于交际应酬视同销售成本		
15	(四)用于职工奖励或福利视同销售成本		
16	(五)用于股息分配视同销售成本		
17	(六)用于对外捐赠视同销售成本		
18	(七)用于对外投资项目视同销售成本		
19	(八)提供劳务视同销售成本		
20	(九)其他		
21	三、房地产开发企业特定业务计算的纳税调整额(22－26)		
22	(一)房地产企业销售未完工开发产品特定业务计算的纳税调整额(24－25)		
23	1.销售未完工产品的收入		*
24	2.销售未完工产品预计毛利额		
25	3.实际发生的营业税金及附加、土地增值税		
26	(二)房地产企业销售的未完工产品转完工产品特定业务计算的纳税调整额(28－29)		
27	1.销售未完工产品转完工产品确认的销售收入		*
28	2.转回的销售未完工产品预计毛利额		
29	3.转回实际发生的营业税金及附加、土地增值税		

A105040

专项用途财政性资金纳税调整明细表

行次	项目	取得年度	财政性资金	其中:符合不征税收入条件的财政性资金金额	其中:计入本年损益的金额	以前年度支出情况 前五年度	前四年度	前三年度	前二年度	前一年度	本年支出情况 支出金额	其中:费用化支出金额	结余金额	本年结余情况 其中:上缴财政金额	应计入本年应税收入金额
		1	2	3	4	5	6	7	8	9	10	11	12	13	14
1	前五年度					*									
2	前四年度					*	*								
3	前三年度					*	*	*							
4	前二年度					*	*	*	*						
5	前一年度					*	*	*	*	*					
6	本年														
7	合计(1+2+3+4+5+6)														

A105060

广告费和业务宣传费跨年度纳税调整明细表

行次	项　　目	金额
1	一、本年广告费和业务宣传费支出	
2	减：不允许扣除的广告费和业务宣传费支出	
3	二、本年符合条件的广告费和业务宣传费支出(1－2)	
4	三、本年计算广告费和业务宣传费扣除限额的销售(营业)收入	
5	税收规定扣除率	
6	四、本企业计算的广告费和业务宣传费扣除限额(4×5)	
7	五、本年结转以后年度扣除额(3＞6,本行＝3－6；3≤6,本行＝0)	
8	加：以前年度累计结转扣除额	
9	减：本年扣除的以前年度结转额[3＞6,本行＝0；3≤6,本行＝8或(6－3)孰小值]	
10	六、按照分摊协议归集至其他关联方的广告费和业务宣传费(10≤3或6孰小值)	
11	按照分摊协议从其他关联方归集至本企业的广告费和业务宣传费	
12	七、本年广告费和业务宣传费支出纳税调整金额(3＞6,本行＝2+3－6+10－11；3≤6,本行＝2+10－11－9)	
13	八、累计结转以后年度扣除额(7+8－9)	

A105070

捐赠支出纳税调整明细表

行次	项目	账载金额 1	以前年度结转可扣除的捐赠额 2	按税收规定计算的扣除限额 3	税收金额 4	纳税调增金额 5	纳税调减金额 6	可结转以后年度扣除的捐赠额 7
1	一、非公益性捐赠		*	*	*		*	*
2	二、全额扣除的公益性捐赠		*	*		*		*
3	三、限额扣除的公益性捐赠(4＋5＋6＋7)					*		*
4	前三年度（ 年）	*		*	*	*		
5	前二年度（ 年）	*		*	*	*		
6	前一年度（ 年）	*		*	*	*		
7	本　年（ 年）		*				*	
8	合计(1＋2＋3)							

第六章 模拟企业纳税申报实务(二)

资产折旧、摊销及纳税调整明细表

A105080

行次	项目	账载金额				税收金额				纳税调整金额
		资产原值	本年折旧、摊销额	累计折旧、摊销额	资产计税基础	税收折旧额	享受加速折旧政策的资产按税收一般规定计算的折旧、摊销额	加速折旧统计额	累计折旧、摊销额	
			1	2	3	4	5	6	7=5−6	8	9(2−5)
1	一、固定资产(2+3+4+5+6+7)									
2	(一)房屋、建筑物						*	*		
3	(二)飞机、火车、轮船、机器、机械和其他生产设备						*	*		
4	(三)与生产经营活动有关的器具、工具、家具等						*	*		
5	(四)飞机、火车、轮船以外的运输工具						*	*		
6	(五)电子设备						*	*		
7	(六)其他									
8	其中:享受加速折旧政策的资产折旧额大于一般折旧额的部分	(一)重要行业固定资产加速折旧(不含一次性扣除)								*
9		(二)其他行业研发设备加速折旧								*
10		(三)允许一次性扣除的固定资产(11+12+13)								*
11		1.单价不超过100万元专用研发设备								*
12		2.重要行业小型微利企业单价不超过100万元研发生产共用设备								*
13		3.5000元以下固定资产								*
14		(四)技术进步、更新换代固定资产								*
15		(五)常年强震动、高腐蚀固定资产								*
16		(六)外购软件折旧								*
17		(七)集成电路企业生产设备								*

续表

行次	项目	账载金额			税收金额				纳税调整金额
		资产原值	本年折旧、摊销额	累计折旧、摊销额	资产计税基础	税收折旧额	享受加速折旧政策的资产按税收一般规定计算的折旧、摊销额	加速折旧统计额	累计折旧、摊销额
		1	2	3	4	5	6	7=5−6	8	9(2−5)
18	二、生产性生物资产(19+20)						*	*		
19	（一）林木类						*	*		
20	（二）畜类						*	*		
21	三、无形资产(22+23+24+25+26+27+28+30)						*	*		
22	（一）专利权						*	*		
23	（二）商标权						*	*		
24	（三）著作权						*	*		
25	（四）土地使用权						*	*		
26	（五）非专利技术						*	*		
27	（六）特许权使用费						*	*		
28	（七）软件						*	*		
29	其中：享受企业外购软件加速摊销政策									*
30	（八）其他						*	*		
31	四、长期待摊费用(32+33+34+35+36)						*	*		
32	（一）已足额提取折旧的固定资产的改建支出						*	*		
33	（二）租入固定资产的改建支出						*	*		
34	（三）固定资产的大修理支出						*	*		
35	（四）开办费						*	*		
36	（五）其他						*	*		
37	五、油气勘探投资						*	*		
38	六、油气开发投资						*	*		
39	合计(1+18+21+31+37+38)						*	*		
附列资料	全民所有制改制资产评估增值政策资产									

A107010

免税、减计收入及加计扣除优惠明细表

行次	项　　目	金额
1	一、免税收入(2+3+6+7+…+16)	
2	（一）国债利息收入免征企业所得税	
3	（二）符合条件的居民企业之间的股息、红利等权益性投资收益免征企业所得税（填写A107011）	
4	其中：内地居民企业通过沪港通投资且连续持有H股满12个月取得的股息红利所得免征企业所得税（填写A107011）	
5	内地居民企业通过深港通投资且连续持有H股满12个月取得的股息红利所得免征企业所得税（填写A107011）	
6	（三）符合条件的非营利组织的收入免征企业所得税	
7	（四）符合条件的非营利组织（科技企业孵化器）的收入免征企业所得税	
8	（五）符合条件的非营利组织（国家大学科技园）的收入免征企业所得税	
9	（六）中国清洁发展机制基金取得的收入免征企业所得税	
10	（七）投资者从证券投资基金分配中取得的收入免征企业所得税	
11	（八）取得的地方政府债券利息收入免征企业所得税	
12	（九）中国保险保障基金有限责任公司取得的保险保障基金等收入免征企业所得税	
13	（十）中央电视台的广告费和有线电视费收入免征企业所得税	
14	（十一）中国奥委会取得北京冬奥组委支付的收入免征企业所得税	
15	（十二）中国残奥委会取得北京冬奥组委分期支付的收入免征企业所得税	
16	（十三）其他	
17	二、减计收入(18+19+23+24)	
18	（一）综合利用资源生产产品取得的收入在计算应纳税所得额时减计收入	
19	（二）金融、保险等机构取得的涉农利息、保费减计收入(20+21+22)	
20	1.金融机构取得的涉农贷款利息收入在计算应纳税所得额时减计收入	
21	2.保险机构取得的涉农保费收入在计算应纳税所得额时减计收入	
22	3.小额贷款公司取得的农户小额贷款利息收入在计算应纳税所得额时减计收入	
23	（三）取得铁路债券利息收入减半征收企业所得税	
24	（四）其他	
25	三、加计扣除(26+27+28+29+30)	
26	（一）开发新技术、新产品、新工艺发生的研究开发费用加计扣除（填写A107012）	
27	（二）科技型中小企业开发新技术、新产品、新工艺发生的研究开发费用加计扣除（填写A107012）	
28	（三）企业为获得创新性、创意性、突破性的产品进行创意设计活动而发生的相关费用加计扣除	
29	（四）安置残疾人员所支付的工资加计扣除	
30	（五）其他	
31	合计(1+17+25)	

A107012

研发费用加计扣除优惠明细表

	基本信息		
1	□一般企业　　□科技型中小企业	科技型中小企业登记编号	
2	本年可享受研发费用加计扣除项目数量		
	研发活动费用明细		
3	一、自主研发、合作研发、集中研发(4+8+17+20+24+35)		
4	（一）人员人工费用(5+6+7)		
5	1.直接从事研发活动人员工资薪金		
6	2.直接从事研发活动人员五险一金		
7	3.外聘研发人员的劳务费用		
8	（二）直接投入费用(9+10+…+16)		
9	1.研发活动直接消耗材料		
10	2.研发活动直接消耗燃料		
11	3.研发活动直接消耗动力费用		
12	4.用于中间试验和产品试制的模具、工艺装备开发及制造费		
13	5.用于不构成固定资产的样品、样机及一般测试手段购置费		
14	6.用于试制产品的检验费		
15	7.用于研发活动的仪器、设备的运行维护、调整、检验、维修等费用		
16	8.通过经营租赁方式租入的用于研发活动的仪器、设备租赁费		
17	（三）折旧费用(18+19)		
18	1.用于研发活动的仪器的折旧费		
19	2.用于研发活动的设备的折旧费		
20	（四）无形资产摊销(21+22+23)		
21	1.用于研发活动的软件的摊销费用		
22	2.用于研发活动的专利权的摊销费用		
23	3.用于研发活动的非专利技术（包括许可证、专有技术、设计和计算方法等）的摊销费用		
24	（五）新产品设计费等(25+26+27+28)		
25	1.新产品设计费		
26	2.新工艺规程制定费		
27	3.新药研制的临床试验费		
28	4.勘探开发技术的现场试验费		
29	（六）其他相关费用(30+31+32+33+34)		
30	1.技术图书资料费、资料翻译费、专家咨询费、高新科技研发保险费		

续表

31	2. 研发成果的检索、分析、评议、论证、鉴定、评审、评估、验收费用	
32	3. 知识产权的申请费、注册费、代理费	
33	4. 职工福利费、补充养老保险费、补充医疗保险费	
34	5. 差旅费、会议费	
35	（七）经限额调整后的其他相关费用	
36	二、委托研发[(37-38)×80%]	
37	委托外部机构或个人进行研发活动所发生的费用	
38	其中：委托境外进行研发活动所发生的费用	
39	三、年度研发费用小计(3+36)	
40	（一）本年费用化金额	
41	（二）本年资本化金额	
42	四、本年形成无形资产摊销额	
43	五、以前年度形成无形资产本年摊销额	
44	六、允许扣除的研发费用合计(40+42+43)	
45	减：特殊收入部分	
46	七、允许扣除的研发费用抵减特殊收入后的金额(44-45)	
47	减：当年销售研发活动直接形成产品（包括组成部分）对应的材料部分	
48	减：以前年度销售研发活动直接形成产品（包括组成部分）对应材料部分结转金额	
49	八、加计扣除比例	
50	九、本年研发费用加计扣除总额(46-47-48)×49	
51	十、销售研发活动直接形成产品（包括组成部分）对应材料部分结转以后年度扣减金额（当46-47-48≥0，本行=0；当46-47-48<0，本行=46-47-48的绝对值）	

所得减免优惠明细表

A107020

行次	减免项目	项目名称1	优惠事项名称2	优惠方式3	项目收入4	项目成本5	相关税费6	应分摊期间费用7	纳税调整额8	项目所得额 免税项目9	项目所得额 减半项目10	减免所得额 11(9+10×50%)
1	一、农、林、牧、渔业项目											11(9+10×50%)
2			*									
3		小计	*	*								
4	二、国家重点扶持的公共基础设施项目		*									
5			*									
6		小计	*	*								
7	三、符合条件的环境保护、节能节水项目		*									
8			*									
9		小计	*	*								
10	四、符合条件的技术转让项目		*							*	*	*
11			*							*	*	*
12		小计	*	*								
13	五、实施清洁机制发展项目		*									
14			*									
15		小计	*	*								
16	六、符合条件的节能服务公司实施合同能源管理项目		*									
17			*									
18		小计	*	*								
19	七、其他											
20		小计	*	*								
21			*	*								
22	合计		*	*								

第六章 模拟企业纳税申报实务(二)

税额抵免优惠明细表

A107050

行次	项目	年度	本年抵免前应纳税额	本年允许抵免的专用设备投资额	本年可抵免税额	以前年度已抵免额 前五年度	前四年度	前三年度	前二年度	前一年度	小计	本年实际抵免的各年度税额	可结转以后年度抵免的税额
			1	2	3	4＝3×10%	5	6	7	8	9	10(5+6+7+8+9)	11	12(4−10−11)
1	前五年度													*
2	前四年度						*							
3	前三年度						*	*						
4	前二年度						*	*	*					
5	前一年度						*	*	*	*				
6	本年度						*	*	*	*	*	*		
7	本年实际抵免税额合计													
8	可结转以后年度抵免的税额合计													
9	专用设备投资情况	本年允许抵免的环境保护专用设备投资额												
10		本年允许抵免的节能节水专用设备投资额												
11		本年允许抵免的安全生产专用设备投资额												

第七章　模拟企业税务纠纷处理实务

一、模拟企业税务纠纷处理实训业务资料

（一）办理纳税担保

20××年5月10日，公司接到金华市国家税务局稽查局责成提供纳税担保通知书（金国税担〔015〕号），要求本公司于20××年5月25日前向税务局提供金额为（大写）壹拾万元（¥:100 000.00）的纳税担保，逾期不能提供纳税担保，将依法采取税收保全措施。并告知：如对本通知不服，可自收到本通知之日起60日内依法向金华市国家税务局申请行政复议。

20××年5月20日，公司收到金华市国家税务局稽查局解除纳税担保通知书（国税解担〔019〕号）。公司并于20××年5月21日持本通知，办理解除纳税担保手续。

（二）办理税务行政处罚听证申请

20××年6月4日，公司收到金华市国家税务局稽查局《税务行政处罚事项告知书》。公司认为税务局认定上一年度以少报营业收入方式而少缴增值税、消费税 125 836.48 元，依此作出追缴该项税款并加收滞纳金的决定有异议，并认为家族统计台账不等同于企业财务账，家族统计台账统计的是家族多家企业的情况，难免存在重复计算的问题。因此，决定于20××年6月6日向金华市国家税务局稽查局书面提出听证申请。

附：金华市国家税务局稽查局税务行政处罚事项告知书。

金华市国家税务局稽查局
税务行政处罚事项告知书
国税罚告〔066〕号

金华市婺州酒业股份有限公司：

对你（单位）的税收违法行为拟于20××年6月18日之前作出行政处罚决定，根据《中华人民共和国税收征收管理法》第八条、《中华人民共和国行政处罚法》第三十一条规定，现将有关事项告知如下：

1. 税务行政处罚的事实依据、法律依据及拟作出的处罚决定：补缴增值税、消费税 125 836.48 元，加收税收滞纳金 16 789.10 元，处所偷税款一倍罚款，计 125 836.48 元。

2. 你单位有陈述、申辩的权利。请在我局作出税务行政处罚决定之前，到我局进行陈述、申辩或自行提供陈述、申辩材料；逾期不进行陈述、申辩的，视同放弃权利。

3. 拟对你单位罚款 125 836.48 元，你单位有要求听证的权利。可自收到本通知书之日起3日内向本局书面提出听证申请；逾期不提出的，视为放弃听证权利。

金华市国家税务局稽查局（签章）
20××年6月3日

（三）办理税务行政复议申请

金华市婺州酒业股份有限公司对20××年6月10日金华市国家税务局稽查局作出的金国税稽处〔20××〕21号《税务处理决定书》中认定上一年度少报营业收入方式而少缴增值税、消费税125 836.48元，依此作出追缴该项税款并加收滞纳金的决定有异议。认为家族统计台账不等同于企业财务账，家族统计台账统计的是家族多家企业的情况，难免存在重复计算的问题。因此，决定向金华市国家税务局税务行政复议机关提出税务行政复议申请，要求撤销上述税务处理决定书，并由客观、中立的中介机构重新审计鉴定上一年度的营业收入。

附：金华市国家税务局稽查局税务行政处罚决定书。

金华市国家税务局稽查局
税务行政处罚决定书
税罚〔051〕号

金华市婺州酒业股份有限公司：

经我局于5月15日至5月25日对你单位20××年1月1日至20××年12月31日的情况进行检查，你单位存在违法事实及处罚决定如下：

1. 违法事实

金华市婺州酒业股份有限公司20××年1月1日至20××年12月31日采用少报营业收入方式而少缴增值税、消费税125 836.48元。

2. 处罚决定

根据《中华人民共和国税收征收管理法》第八条、《中华人民共和国行政处罚法》第六十三条规定，应补缴增值税、消费税125 836.48元，加收税收滞纳金16 789.10元，处所偷税款一倍罚款，计125 836.48元。

以上应缴款项共计268 462.06元。限你（单位）自本决定书送达之日起10日内缴纳入库，到期不缴纳，我局将依照《中华人民共和国行政处罚法》第五十一条第（一）项规定，每日按罚款数额的百分之三加处罚款。

如对本决定不服，可以自收到本决定书之日起60日内依法向金华市国家税务局申请行政复议。如对处罚决定逾期不申请复议、又不履行的，我局将采取《中华人民共和国税收征收管理法》第四十条规定的强制执行措施，或者申请人民法院强制执行。

金华市国家税务局稽查局（签章）
20××年6月10日

（四）办理税务行政复议听证申请

金华市婺州酒业股份有限公司20××年7月15日收到金华市国家税务局受理复议通知书（金国税复受字〔20××〕第3号）后，于20××年7月17日依法提出复议听证申请。

（五）制作税务行政诉讼状

金华市婺州酒业股份有限公司20××年8月3日收到金华市国家税务局税务行政复议决定书（金国税复决字〔20××〕第2号），税务行政复议机关认为：具体行政行为认定事实清楚，证据确凿，适用法律依据正确，程序合法，内容适当。根据《中华人民共和国行政复议法》第二十八条、《税务行政复议规则》第七十五条的规定,决定维持原具体行政行为。公司于20××年8月18日向金华市中级人民法院提起行政诉讼。

二、模拟企业税务纠纷处理业务实训

（一）填报纳税担保书和纳税担保财产清单

纳税担保书

编号：00125

纳税人	名　　称		纳税人识别号	
	地　　址			
纳税担保人	名　　称		登记注册类型	
	地　　址		电话号码	
	开户银行及账号			
担保形式	财产担保			
担保范围	税款、滞纳金金额(大写)壹拾万元以及实现税款、滞纳金入库的费用,滞纳金起算时间为20××年5月11日。			
担保期限和担保责任	纳税人于　　年　月　　日前未缴清应纳税款的,由纳税担保人自收到税务机关纳税通知之日起15日内缴纳税款、滞纳金。 纳税人以自己财产担保的,于20××年5月25日前未缴清应纳税款的,税务机关对担保财产采取税收强制执行措施。			
担保财产	用于纳税担保的财产名称及数量	现金		
	附：用于担保的财产证明及份数	工行转账凭证一份		
	不动产价值(估价)	(人民币大写)		小写¥
	动产价值(估价)	(人民币大写)		小写¥
	其他财产价值	(人民币大写)		小写¥
	担保财产总价值(估价)	(人民币大写)		小写¥
纳税担保人签字： 证件名称： 证件号码： 纳税担保人(章) 　年　　月　　日		纳税人签字： 纳税人(章) 20××年5月20日		税务机关经办人签字： 税务机关(章) 20××年5月20日

纳税担保财产清单

纳税人名称			纳税人识别号		
纳税担保人名称			纳税担保人地址		
纳税担保人证件名称			纳税担保人证件号码		
应纳税款			附担保财产证明的份数		

	担保财产名称	担保财产权属	规格	单位	数量	单价	金额
不动产							
不动产合计	（人民币大写）						
动产							
动产合计	（人民币大写）						
担保财产总价值	（人民币大写）						
担保期限及担保责任	担保纳税人于　　年　月　日前缴清应纳税款及滞纳金，逾期不缴或少缴的，税务机关依法拍卖或变卖担保财产，以拍卖或变卖所得抵缴税款及滞纳金。						

纳税人签字：吴珍奕	纳税担保人签字：	税务机关经办人签字：
纳税人（章）：	纳税担保人（章）：	税务机关（章）：
20××年5月20日	年　月　日	20××年5月20日

（二）填写听证申请书

听证申请书

申请人：

申请人电话号码：

申请事项：

事实和理由：

据此，申请人提出听证申请，请予以准许。
此致
　　　　　　　　金华市国家税务局稽查局
　　　　　　　　　　　　　　　　申请人（签名）：
　　　　　　　　　　　　　　　　申请日期：

(三)制作税务行政复议申请书

税务行政复议申请书

纳税人名称			纳税人识别号			
申请人类别						
申请人(公民个人)	姓名		身份证件号码			
	性别		年龄		民族	籍贯
	住所			邮编		电话
	工作单位			职务		
申请人(法人或其他组织)	名称			电话		
	地址			邮编		
	法人代表(负责人)			法人代表(负责人)职务		
申请人委托代理人	姓名		性别		年龄	
	住址					
	工作单位			职务		
被申请人	名称	金华市国家税务局(稽查局)		负责人	张斌	
	地址	双溪西路88号		邮编	321000	
				电话	8888888	
复议申请对应具体行政行为						
复议申请对应具体行政行为作出日期			复议申请对应具体行政行为政策依据			
复议请求						
主要事实理由	经办人: 申请人签章: 20××年7月10日					
附件						

注:本申请表一式二份,一份报复议机关,一份复议申请人留存。

（四）制作税务行政复议听证申请书

复议听证申请书

纳税人名称	
纳税人识别号	
申请复议案件	
申 请 内 容	

申请人：　　　　　　　　　　　　　　　　申请时间：

（五）制作税务行政诉讼状

税务行政起诉状

申诉人：   住址：

法定代表人：   职务：

被申诉人(法人或其他组织)：

法定代表(负责)人：   法定代表(负责)人职务：

地址：   联系电话：   邮编：

  公司不服金华市国家税务局税务行政复议机关20××年8月28日（金国税复决字〔20××〕第2号）复议决定，现提出起诉。

  起诉请求：

起诉依据的事实和理由：

此致

金华市中级人民法院

申请人（签章）

年　　月　　日

第八章 模拟企业变更、涉税实务

一、模拟企业变更、终止经营税务实训业务资料

（一）模拟企业变更税务登记

金华市婺州酒业股份有限公司法人代表郑友钱变更为刘财富。20××年5月12日，已经向市场监管部门——工商行政管理部门——办理变更工商登记；20××年5月22日，到主管税务机关领取、填报《变更税务登记表》，并提交已变更的企业法人营业执照副本、法定代表人身份证原件、复印件、纳税人变更登记内容的有关证明文件及复印件。

（二）模拟企业注销税务登记

1. 模拟企业所得税清算

金华市婺州酒业股份有限公司成立于8年前的9月2日，注册资本400万元，其中郑友钱投资比例60%、吴崴斋投资比例40%。由于经营效益不佳，连年亏损，20××年9月30日股东同意解散企业。股东会决议签署日期是20××年9月30日，并在当日成立清算组。20××年1~9月企业会计利润总额为－185 165.2元（假设没有其他纳税调整事项，企业所得税率为25%）。公司于20××年12月20日申请注销税务登记，即清算期为20××年9月30日至20××年12月20日。清算费用合计80 000.00元。

（1）20××年9月30日的资产负债

资产负债表

编制单位：　　　　　　　　　　20××年9月30日　　　　　　　　　　单位：元

资产	年初余额（略）	期末余额	负债和所有者权益	年初余额（略）	期末余额
流动资产			流动负债		
货币资金		530 000.00	短期借款		100 000.00
交易性金融资产			交易性金融负债		
应收票据			应付票据		
应收账款		350 000.00	应付账款		200 000.00
预付款项			预收款项		
应收利息			应付职工薪酬		50 000.00
应收股利			应交税费		670 000.00
其他应收款		100 000.00	应付利息		
存货		2 600 000.00	其他应交款		

续表

资产	年初余额（略）	期末余额	负债和所有者权益	年初余额（略）	期末余额
其中：消耗性生物资产			其他应付款		200 000.00
一年内到期的非流动资产			一年内到期的非流动负债		
其他流动资产			其他流动负债		
流动资产合计			流动负债合计		1 220 000.00
非流动资产			非流动负债		
可供出售金融资产		400 000.00	长期借款		
持有至到期投资			应付债券		
长期应收款			长期应付款		
长期股权投资			专项应付款		
投资性房地产			预计负债		
固定资产		5 000 000.00	递延所得税负债		
在建工程			其他非流动负债		
工程物资			非流动负债合计		0
固定资产清理			负债合计		
生产性生物资产			所有者权益		8 760 000.00
油气资产			实收资本		12 000 000.00
无形资产		1 000 000.00	资本公积		
开发支出			减：库存股		
商誉			盈余公积		
长期待摊费用			未分配利润		−3 240 000.00
递延所得税资产			所有者权益合计		
其他非流动资产					
非流动资产合计					
资产总计		9 980 000.00	负债和所有者权益总计		99 800 000.00

企业负责人： 主管会计： 制表： 报出日期：××××年 月 日

(2) 其他相关资料

其他相关情况表

单位：万元

资产	账面价值	计税基础	处置收入	备注
货币资金	53	53	53	
应收账款	35	35	30	坏账损失5万元，符合税前扣除条件
其他应收款	10	10	0	不符合税前扣除条件

续表

资产	账面价值	计税基础	处置收入	备注
存货	260	260	320	增值税54万元，消费税41万元，地税11.4万元
可供出售金融资产	40	10	50	
固定资产	500	500	300	增值税51万元，地税6.12万元
无形资产	100	100	1 500	增值税154万元，地税560万元
资产合计	998	963	1 353	
负债	账面价值	计税基础	债务清偿	备注
短期借款	10	10	10	
应付账款	20	20	18	因债权人注销2万元债务无需支付
其他应付款	10	10	10	
应付职工薪酬	50	50	50	
应交税费	65	65	65	
负债合计	155	155	153	

注：表中处置收入为不含增值税收入；除上述资料外，无其他纳税调整项目。

二、模拟企业变更、终止经营涉税业务实训

（一）办理变更税务登记

变更税务登记表

纳税人名称		纳税人识别号	
变更登记事项：			
序号	变更项目	变更前内容	变更后内容	批准机关名称及文件
送缴证件情况：			
纳税人 经办人： 　年　月　日	法定代表人（负责人）： 　年　月　日		纳税人（签章） 　年　月　日
经办税务机关审核意见：			
经办人： 　年　月　日	负责人： 　年　月　日		税务机关（签章） 　年　月　日

注：本表一式二份，税务机关一份，纳税人一份。

（二）办理企业出口退（免）税资格认定注销

出口退（免）税资格认定注销申请表

纳税人名称		纳税人识别号：	
注销事由：			
附送件：			
申请注销认定者请认真阅读以下条款，并由企业法定代表人或个体工商负责人签字、盖章以示确认。 一、遵守各项税收法律、法规及规章。 二、在出口货物退（免）税认定注销表中所填写的信息及提交的材料是完整的、准确的、真实的。 法定代表人签章：　　　　　　　　　　　　　　　　　　　纳税人公章： 　　　　　　　　　　　　　　　　　　　　　　　　　　　　　　年　月　日			

（三）办理注销税务登记

注销税务登记申请审批表

纳税人名称		纳税人识别号	
注销原因			
附送资料			
纳税人	经办人： 年　月　日	法定代表人（负责人）： 年　月　日	纳税人（签章） 年　月　日
以下由税务机关填写			
受理时间	经办人： 年　月　日		负责人： 年　月　日
清缴税款、 滞纳金、 罚款情况	经办人： 年　月　日		负责人 年　月　日
缴销发票 情况	经办人： 年　月　日		负责人： 年　月　日
税务检查 意见	检查人员： 年　月　日		负责人： 年　月　日
批准 意见	部门负责人： 年　月　日		税务机关（签章） 年　月　日

中华人民共和国企业清算所得税申报表

清算期间：　　　　年　月　日至　　　　年　月　日
纳税人名称：
纳税人识别号：□□□□□□□□□□□□□□□　　　　金额单位：元（列至角分）

类别	行次	项目	金额
应纳税所得额计算	1	资产处置损益（填附表一）	13 950 000
	2	负债清偿损益（填附表二）	20 000
	3	清算费用	80 000
	4	清算税金及附加	6 185 200
	5	其他所得或支出	
	6	清算所得（1+2-3-4+5）	7 704 800
	7	免税收入	
	8	不征税收入	
	9	其他免税所得	
	10	弥补以前年度亏损	3 240 000
	11	应纳税所得额（6-7-8-9-10）	4 464 800
应纳所得税额计算	12	税率（25%）	25%
	13	应纳所得税额（11×12）	1 116 200
应补（退）所得税额计算	14	减（免）企业所得税额	
	15	境外应补所得税额	
	16	境内外实际应纳所得税额（13-14+15）	1 116 200
	17	以前纳税年度应补（退）所得税额	
	18	实际应补（退）所得税额（16+17）	1 116 200
纳税人盖章： 清算组盖章： 经办人签字： 申报日期： 　　年　月　日	代理申报中介机构盖章： 经办人签字及执业证件号码： 代理申报日期： 　　年　月　日	主管税务机关 受理专用章： 受理人签字： 受理日期： 　　年　月　日		

资产处置损益明细表

填报时间：　　年　　月　　日　　　　　　　　　　　　　　　金额单位：元(列至角分)

行次	项　　目	账面价值(1)	计税基础(2)	可变现价值或交易价格(3)	资产处置损益(4)=(3)-(2)
1	货币资金	530 000	530 000	530 000	0
2	短期投资				
3	交易性金融资产				
4	应收票据				
5	应收账款	350 000	350 000	300 000	−50 000
6	预付账款				
7	应收利息				
8	应收股利				
9	应收补贴款				
10	其他应收款	100 000	100 000	0	0
11	存货	2 600 000	2 600 000	3 200 000	600 000
12	待摊费用				
13	一年内到期的非流动资产				
14	其他流动资产				
15	可供出售金融资产	400 000	100 000	500 000	400 000
16	持有至到期投资				
17	长期应收款				
18	长期股权投资				
19	长期债权投资				
20	投资性房地产				
21	固定资产	5 000 000	5 000 000	4 000 000	−1 000 000
22	在建工程				
23	工程物资				
24	固定资产清理				
25	生物资产♯				
26	油气资产♯				
27	无形资产	1 000 000	1 000 000	15 000 000	14 000 000
28	开发支出♯				
29	商誉♯				
30	长期待摊费用				
31	其他非流动资产				
32	总计	9 980 000	9 680 000	23 530 000	13 950 000

经办人签字：　　　　　　　　　　　　　　　　　　　　　纳税人盖章：

负债清偿损益明细表

填报时间：　　年　月　日　　　　　　　　　　　　　　金额单位：元(列至角分)

行次	项　目	账面价值 (1)	计税基础 (2)	清偿金额 (3)	负债清偿损益 (2)-(3)
1	短期借款	100 000	100 000	100 000	0
2	交易性金融负债				
3	应付票据				
4	应付账款	200 000	200 000	180 000	20 000
5	预收账款				
6	应付职工薪酬	500 000	500 000	500 000	0
7	应付工资				
8	应付福利费				
9	应交税费	670 000	670 000	670 000	0
10	应付利息				
11	应付股利				
12	其他应交款				
13	其他应付款	200 000	200 000	200 000	0
14	预提费用*				
15	一年内到期的非流动负债				
16	其他流动负债				
17	长期借款				
18	应付债券				
19	长期应付款				
20	专项应付款				
21	预计负债#				
22	其他非流动负债				
23	总计	1 220 000	1 220 000	1 200 000	20 000

经办人签字：　　　　　　　　　　　　　　　　　　　纳税人盖章：

剩余财产计算和分配明细表

填报时间：　年　月　日　　　　　　　　　　　　　　　　　　　金额单位：元(列至角分)

类别	行次	项目	金额
剩余财产计算	1	清算所得	4 464 800
	2	清算所得税	1 116 200
	3	以前年度欠税	
	4	剩余资产	3 348 600
	5	其中：累计盈余公积	
	6	累计未分配利润	3 348 600
剩余财产分配		股东名称	持有清算企业权益性投资比例(%)	投资额	分配的财产金额	其中：确认为股息金额
	13	郑友钱	60%	7 200 000	2 009 160	0
	14	吴崴斋	40%	4 800 000	1 339 440	0
	15					
	16					

经办人签字：　　　　　　　　　　　　　　　　　　　　　纳税人盖章：